La civilisation mexicaine et aztèque avant Cortez le conquistador

La civilisation mexicaine et aztèque avant Cortez le conquistador

Michel Chevalier

Editions Le Mono

ISBN : 978-2-36659497-3
EAN : 9782366594973

Chapitre I

LE DEBARQUEMENT DE CORTEZ

L'an 1519, le soir du jeudi-saint, une flottille guerrière venait de mouiller entre l'îlot de Saint-Jean-d'Ulloa et la côte. Les hommes qu'elle portait étaient jeunes, sauf peut-être deux prêtres à l'air vénérable. Le chef avait trente-quatre ans. La résolution et la confiance brillaient dans leurs regards, et leurs visages brunis par le soleil, indiquaient qu'ils n'étaient pas au début de leur voyage. Quelques-uns qui déjà avaient passé par là dans une première course donnaient à leurs compagnons des détails sur la disposition des lieux, sur le site des montagnes et des rivières, sur le caractère des naturels. A ces récits, l'un des nouveaux débarqués, placé à côté du capitaine, répondait en chantant d'un ton dégagé quelques vers d'une vieille ballade sur l'enchanteur Montesinos : « Ceci est la France, Montesinos, ici est Paris la grande ville, ici le Duero qui se jette dans la mer, » comme s'il eût voulu exprimer que l'expédition venait d'atteindre enfin un grand empire.

C'était Cortez, qui, après avoir touché à Cozumel et avoir fait une rude campagne contre les Indiens de la province de Tabasco dans la presqu'île de Yucatan, s'était tourné vers les rivages mexicains, où déjà Grijalva avait mis le pied, et quelques-uns des compagnons de ce dernier étaient avec lui. La relation de ce navigateur, les renseignements recueillis par Cortez dans le Yucatan, et les vagues rumeurs semées dans les îles du voisinage s'accordaient à dire qu'on trouverait sur ces rivages un peuple plus industrieux que tout ce qu'on connaissait alors de l'Amérique, et chez ce peuple beaucoup d'or. Lorsque Cortez, à la vue de quelques ornements en or parmi les gens de Tabasco, leur avait demandé d'où cela venait, on lui avait constamment répondu : de *Culhua* ; c'était le Mexique.

Cortez et ses compagnons s'étaient placés dans la nécessité de se signaler par de grands exploits. Ils avaient commis une faute qui, à moins d'actions d'éclat, ne pouvait s'expier que sur un gibet pour les chefs, dans les présides pour la foule. Ils étaient partis de Cuba en état flagrant de rébellion. Sur le récit de Grijalva, qui, en différents points de la côte mexicaine, avait eu des entrevues avec les naturels, avec des officiers de Montezuma, et avait échangé des verroteries et autres menus objets de production européenne contre de beaux ouvrages en or, le gouverneur Velasquez avait organisé une expédition formidable pour ces temps et pour une colonie naissante telle qu'était Cuba, et en avait confié le commandement à Cortez. Celui-ci avait, dans cet armement, engagé tout son avoir. Un matin au lever du soleil, le 18 novembre 1518, Cortez, prévenu que Velasquez, dont on avait excité la jalousie, s'apprêtait à lui ôter la conduite de l'entreprise, mit à la voile de San Yago de Cuba sans prendre congé, d'accord avec ses lieutenants. Velasquez averti était accouru sur le rivage assez à temps pour voir Cortez prêt à donner le signal et pour s'entendre demander ironiquement ses ordres. De là l'audacieux aventurier était allé continuer ses préparatifs et recruter sa petite armée dans d'autres ports de l'île, à Macaca, à Trinidad, à la Havane, toujours suivi par les anathèmes impuissants et les vains mandats d'arrêt de Velasquez, toujours embauchant des hommes et enlevant des approvisionnements et des munitions. Il était donc un révolté, un séditieux, un bandit. Il l'était au vu et au su de tous ses compagnons, qui étaient par conséquent ses complices avérés. Mais ils étaient braves : plusieurs avaient servi contre les Français en Italie, contre les Turcs dans les parages du Levant ; ils avaient pris la résolution, facile à tenir aux Castillans de ce temps-là, d'être des héros ; ils se croyaient assurés de racheter leur faute par d'insignes exploits.

Naturellement, au moment où l'expédition avait mis à la voile, Cortez et ses compagnons jugeaient les populations mexicaines d'après les tribus sauvages de Saint-Domingue et de Cuba, race inoffensive et molle, sans industrie et sans vaillance, et même en débarquant à Saint-Jean-d'Ulloa, malgré la bravoure des hommes qu'ils avaient rencontrés dans le Yucatan, ils n'avaient pas entièrement secoué cette première illusion. Ils s'attendaient principalement à trouver beaucoup plus d'or et de richesses de tout genre. Sans doute en effet au Mexique il y avait de l'or, mais, ainsi que le disait le chef spartiate à l'envoyé du roi de Perse, il fallait *venir le prendre*. Or, pour cela ils n'étaient que 663 soldats et marins, dont seulement treize arquebusiers et trente-deux arbalétriers, avec dix pièces de canon et quatre fauconneaux. Le nombre de leurs chevaux n'était que de seize, et Dieu sait ce qu'il en avait coûté pour en réunir ce petit nombre. Tout le reste était à pied, armé d'épées, de piques ou de masses. Tel était le résultat du dénombrement de ses forces que Cortez avait fait au cap Saint-Antoine, au moment du départ définitif de l'île de Cuba. Six cent soixante-trois hommes contre un empire !

Mais qu'était-ce donc que cet empire ?

Dans leurs rapports avec les gens de Tabasco, ce que Cortez et ses compagnons avaient recueilli sur le Mexique indiquait quelque chose à part dans le Nouveau-Monde, une nation dont l'opulence et la puissance n'avaient pas de bornes dans l'opinion de ces tribus, qui pourtant n'étaient pas étrangères aux éléments de la civilisation, car elles avaient de belles cultures et des villes. Les Aztèques (tel était le nom des Mexicains proprement dits) avaient porté leurs armes au loin jusqu'à des centaines de lieues de Tenochtitlan (aujourd'hui Mexico), leur capitale ; ils avaient fait de grandes conquêtes qu'ils avaient conservées, et répandu partout la terreur de leurs armes. Jusqu'à Guatimala, on reconnaissait leurs lois ou leur suprématie. Le nom de leur empereur, Montezuma, inspirait le plus profond respect et le plus grand effroi. Dans sa première entrevue avec Teutlile, gouverneur de la province où il avait débarqué, qui était un militaire plein de courtoisie, véritable homme de cour, remarquable par son intelligence et sa finesse, Cortez ayant dit à cet officier qu'il était l'envoyé d'un grand empereur, aussi renommé que son propre maître, Teutlile reçoit avec l'air de la stupéfaction la nouvelle qu'il puisse exister quelque part un souverain d'une puissance égale à celle de Montezuma. Quelques semaines après le débarquement, Cortez, dans une entrevue avec un cacique, lui demande de qui il est le vassal : « Eh ! répond le chef, de qui peut-on l'être, si ce n'est de Montezuma ? » Plusieurs mois plus tard, quand il s'est avancé dans l'intérieur, après sa lutte contre les Tlascaltèques, interrogeant un autre chef, il s'informe si Montezuma n'est pas son souverain : « De qui Montezuma n'est-il pas le souverain ? » fut la réponse. Un luxe inouï régnait autour de la personne de ce prince. L'étiquette était de lui parler les yeux baissés : « Je crois, dit Cortez à Charles-Quint, qu'il n'y a pas de soudan, pas de prince infidèle connu jusqu'aujourd'hui, qui se fasse servir avec autant de faste et de magnificence ; » et ici, dans la bouche de Cortez, le mot de soudan et de prince infidèle est une manière de superlatif. Les paroles conservées par Bernal Diaz, par lesquelles l'empereur aztèque accueillit Cortez lorsqu'il lui donna audience dans son palais à

Mexico, montrent ce qu'il était pour les populations du Nouveau-Monde, et par conséquent ce qu'il pouvait accomplir, entreprendre ou espérer avec des guerriers aussi braves et aussi innombrables que ceux de ses armées : « Vos amis de Tlascala vous auront probablement raconté, dit-il avec un sourire, que j'étais semblable aux dieux, que j'habitais des palais d'or, d'argent et de pierreries ; mais, vous le voyez, ce sont des contes sans fondement. Mes palais sont, comme les habitations de tous les hommes, de pierre et de bois. Mon corps, ajouta-t-il en découvrant son bras, est, regardez-le, de chair et d'os comme le vôtre. Certes, je tiens de mes ancêtres un immense empire, j'ai de grands territoires, de l'or et de l'argent, mais… »

Allons cependant au fond des choses ; examinons ce qu'était le capital intellectuel et matériel de l'empire mexicain, à quelle hauteur morale il était parvenu, quelle en était la condition religieuse.

Chapitre II

DES ARTS ET DES SCIENCES CHEZ LES MEXICAINS

La première de toutes les richesses, la population, y était fort abondante. La formule accréditée était que Montezuma comptait trente vassaux pouvant chacun mettre sous les armes cent mille hommes. Je suis disposé à admettre que, dans ces régions occidentales, on se permettait des hyperboles qui ne le cédaient en rien à celles de l'Orient, et je ne crois pas plus aux trois millions de soldats de Montezuma qu'au million d'hommes, amené par Xercès d'une rive à l'autre de l'Hellespont ; mais, à chaque instant, dans les lettres de Cortez et les récits de Bernal Diaz ou des chroniqueurs, on voit apparaître des troupes de soldats de quarante ou de cinquante mille hommes. Tout tend à prouver qu'alors le pays était plus populeux qu'aujourd'hui. On sait quel grand nombre d'hommes peut nourrir entre les tropiques une petite superficie. M. de Humboldt évalue ce que j'appellerai la puissance nutritive du sol cultivé en bananes à vingt-cinq fois celle d'une bonne terre à froment dans nos régions d'Europe. La banane, à la vérité, ne vient pas sur le plateau même, dans la vallée de Mexico ; elle ne réussit que dans les terres moins élevées, dans ce qu'on nomme la *terre chaude (tierra caliente)*, ou la *terre tempérée (tierra templada)* ; mais, sur les deux versants de l'Océan Pacifique et de l'Atlantique, l'empire aztèque avait une grande étendue de *terre chaude* et de *terre tempérée*, et, sur le plateau, dans la vallée de Mexico, qui est qualifiée de *terre froide (tierra fria)*, quoiqu'on s'y passe de feu toute l'année, on avait le maïs, qui, entre les tropiques, rend jusqu'à huit cents grains pour un, et qui, alors comme aujourd'hui, sous la même forme de *tortillas* (crêpes), faisait le fond de l'alimentation publique. Les grandes villes étaient pressées les unes contre les autres. Tout autour du bassin des lacs dans ce splendide Anahuac, plus riant et plus magnifique alors qu'il ne peut l'être de nos jours, il y avait vingt cités de la magnificence desquelles on a gardé le souvenir. Outre la superbe capitale, sortant, comme Venise, du sein des eaux, c'étaient Tezcuco et Tlacopan, résidences de souverains ; Iztapalapan, fief du frère de l'empereur ; Chalco, Xochimilco, Xoloc, Culhuacan, Popotla, Tepejacac, Cuitlahuac, Ajotzinco, Teotihuacan, etc., presque toutes réduites aujourd'hui à de misérables villages, comme les métropoles de la Grèce, comme Thèbes et Memphis, plus heureuses encore que Babylone, Ninive et Persépolis, dont on connaît à peine le site. Mexico avait plus de 300,000 âmes. Elle était beaucoup plus vaste que la ville moderne rebâtie par Cortez autour du même centre, et celle-ci compte au moins 150,000 ames. Tezcuco en avait 150,000 ; Iztapalapan, au moins 60,000. Au pied du versant opposé de la chaîne neigeuse qui domine Mexico, la cité sacerdotale et marchande de Chololan (Cholula) n'avait pas moins de 100,000 âmes.

Une population nombreuse est l'indice d'un certain avancement de la civilisation. Là où beaucoup d'hommes sont agglomérés sur le même espace, il faut de l'industrie pour les nourrir, des lois régulières pour adoucir les frottements. Afin de maintenir en paix cette multitude, il faut des mesures d'ordre et de prévoyance, et la prévoyance et l'ordre impliquent la science.

L'industrie humaine était déjà remarquable sur le plateau. L'agriculture, le premier des arts, la mère nourricière des états, était florissante. On sait en vertu de quel admirable privilège le sol mexicain est propre à toutes les cultures. Par l'effet de l'élévation graduelle du terrain depuis le niveau de la mer jusqu'à un immense plateau qui atteint 2,000 et 3,000 mètres, et sur lequel s'élèvent encore des cimes couronnées de neiges éternelles, il présente sous la zone torride, dans un espace raccourci, la succession de tous les climats, depuis les plaines ardentes des rivages qui produisent l'indigo jusqu'aux flancs du Popocatepetl où, pendant que l'œil plonge dans la terre chaude, on foule aux pieds les lichens, la végétation de l'Islande et de la baie d'Hudson. La flore mexicaine est d'une grande richesse. Avec le maïs et la banane, les Mexicains cultivaient le coton qu'ils excellaient à filer et à tisser. Ils avaient le cacao dont ils faisaient un breuvage que le grand Montezuma affectionnait, et dont l'Espagne et toute l'Europe se délectent aujourd'hui ; c'est le chocolat, désigné encore par le nom que lui donnaient les Aztèques (*chocolatl*). Ils n'avaient pas le café, ni la canne à sucre, mais ils tiraient le sucre de la tige du maïs. Ils cultivaient les plantes médicinales, très multipliées chez eux. Une des lianes de leurs forêts leur donnait la vanille que le Mexique a encore le privilège de fournir à l'Europe. Sur leurs cactus ils élevaient la cochenille, qui de nos jours est de même l'un des principaux objets du commerce mexicain. La culture la plus curieuse qu'ils eussent était celle d'un aloès particulier, l'*agave mexicana* connu communément parmi eux sous le nom de *maguey*. On sait que tous les peuples ont recherché quelque boisson fermentée, et, aux yeux du physiologiste, la merveille de l'islamisme c'est d'avoir pu astreindre les Orientaux à l'abstinence de tout breuvage pareil. De ce penchant, disons mieux, de ce besoin général des peuples résulte l'extension qu'a reçue dans presque toute la civilisation la culture de la vigne. Les Aztèques ne possédaient pas notre vigne, qui, dès la conquête, importée sur le plateau d'Anahuac, y a très bien réussi. Le maguey leur en tenait lieu. Au moment où il montait en fleur, on coupait cette tige ascendante toute juteuse. Le suc saccharin qui affluait alors, pendant plusieurs jours, se recueillait dans un calice pratiqué au cœur de la plante même, et, après avoir subi la fermentation, il faisait, sous le nom de *pulque*, les délices des buveurs. Les feuilles du maguey, broyées et mises en pâte, donnaient un papier blanc sur lequel on écrivait comme les Égyptiens sur le papyrus. La fibre de ces feuilles se tissait en étoffes communes et servait à fabriquer des cordes, comme celle du chanvre. Les pointes dont elles sont armées remplaçaient les aiguilles et les poinçons. Entières, ces feuilles épaisses recouvraient les maisons. La racine donnait un manger agréable et nourrissant. On tirait encore de cette plante un sirop très sucré. Le maguey, enfin, répondait à mille besoins et était un trésor pour eux. Ils n'ont pas cessé de le cultiver. Le pulque est présentement encore la boisson de prédilection de la nation mexicaine. A Mexico, les tables des Européens sont les seules où il ne soit pas servi quotidiennement. A l'approche des villes, on voit de vastes champs où sont rangés en quinconce de massifs aloès auxquels on ne pourrait comparer ceux qu'on voit en Europe en pleine terre ni même dans les serres ; c'est le maguey, dont le jus flatte le palais mexicain et enrichit le fisc, et qui a conservé de même la plupart des usages qu'il avait parmi les Aztèques. Ainsi, par exemple, on n'a pas cessé d'en faire du papier. Le maguey et le nopal (cactus) sont les deux plantes caractéristiques du plateau mexicain. Dans la partie inculte du plateau, d'immenses espaces n'offrent à l'œil que des magueys ou des nopals isolés ou en bouquets épars, végétation étrange et mélancolique, qui reste insensible au souffle des vents au lieu d'y répondre, en se balançant, par le frémissement de nos forêts, et qui, par cette rigidité, ferait croire au voyageur, lorsqu'il a perdu de vue les villages, qu'il traverse un de ces pays dont il est question dans les contes de fées, où un génie courroucé a pétrifié la nature.

L'agriculture mexicaine connaissait l'art des irrigations. Des canaux qu'on a laissé combler depuis la conquête répandaient une admirable fertilité sur des terres étendues. L'art forestier était connu et pratiqué. Des règlements sévères empêchaient la destruction des bois dans la vallée de Mexico. Les princes mexicains avaient reconnu l'utilité des forêts pour tempérer les ardeurs de l'été, et pour maintenir les cours d'eau nécessaires à l'arrosement. Inférieurs en cela encore à leurs devanciers, les Espagnols ont porté sur le plateau mexicain cette horreur des arbres qui leur vient peut-être des peuples pasteurs d'où ils descendent, et qui a fait du plateau des Castilles la plus nue et la plus triste des plaines. Aujourd'hui le bois manque au Mexique pour le traitement des mines d'argent les plus riches de l'univers, et il a fallu que le génie de l'homme y suppléât en imaginant une méthode d'extraction de l'argent *à froid*, où, au lieu de combustible, on fait intervenir du mercure, du sel, de la chaux et un autre ingrédient minéral appelé *magistral*.

Si l'agriculture mexicaine avait de grandes richesses végétales, elle était, quant au bétail, d'un extrême dénuement. Au Mexique, on ne possédait aucune bête de somme ; le bœuf, le cheval, l'âne et le chameau y manquaient complètement, et c'est une preuve positive que les Mexicains ne pouvaient avoir eu avec l'ancien continent que des rapports accidentels, et qu'ils n'étaient point des colons émigrés de l'Asie. On pourrait tirer la même conclusion de ce qu'ils ne connaissaient pas la soie, qui joue en Chine un si grand rôle. Les Mexicains n'avaient pas même l'alpaca du Pérou. Le mouton et la chèvre leur étaient également inconnus. On comprend tout de suite quelle lacune l'absence des grands quadrupèdes laisse dans une civilisation. On peut se passer du mouton, plus aisément encore de la chèvre ; mais, quand on manque de bêtes de somme, il faut que l'homme en prenne la place. De là, pour une partie des populations, une existence servile. Tous les transports donc, dans l'empire aztèque, se faisaient à dos d'homme ; les chefs allaient en litière sur les épaules de *tamanes* (porteurs). Pareillement en Chine, quand on est hors des vallées des grands fleuves ou loin des canaux, le transport à dos d'homme est d'usage ordinaire. Il n'en est plus ainsi au Mexique. Les mulets pour le grand commerce, et les ânes pour l'approvisionnement des villes, ont délivré l'homme de ce labeur pénible et humiliant. Dans les seuls districts montagneux, l'habitude de transporter à dos d'homme de lourdes charges, des bois même, s'est perpétuée.

Pour transmettre les nouvelles et les ordres, Montézuma avait des relais d'hommes organisés avec une vitesse à peu près égale à celle de nos malles-postes qui brûlent le pavé. Grace à ces rapides coureurs, sur sa table somptueuse on servait du poisson qui, la veille, nageait dans le golfe du Mexique. Aujourd'hui que les chevaux abondent au Mexique, et qu'il y a une route carrossable de Mexico à la Vera-Cruz, personne ne songe plus à se passer, même pour une fois, pareille fantaisie.

Comme par reconnaissance envers la nature qui leur avait prodigué les trésors du règne végétal, les Mexicains avaient la passion, le culte des fleurs. Dans de splendides jardins, ils réunissaient, à grands frais, les fleurs embaumées ou éclatantes que le sol leur offrait dans les bois, sur le bord des rivières. Ils y joignaient les plantes médicinales méthodiquement arrangées, les arbustes remarquables par leur floraison ou leur feuillage, l'excellence de leurs fruits ou la vertu de leurs graines, et les arbres au port majestueux ou élégant ; ils se plaisaient à distribuer leurs platebandes et leurs bosquets sur le penchant des collines où ils les tenaient suspendus. C'est ainsi qu'ils égalaient les célèbres jardins de Sémiramis, rangés par l'antiquité, dont les modernes ont accepté le jugement, au nombre des merveilles du monde. Ils y conduisaient par des aqueducs des eaux prises au loin, qu'ils épanchaient en cascades, ou dont ils remplissaient de spacieux bassins peuplés de poissons rares. Des pavillons mystérieux se cachaient sous les feuilles, des statues se dressaient du milieu des fleurs. Toutes les curiosités que nous rassemblons dans nos jardins des plantes, les oiseaux au beau plumage, renfermés dans des cages grandes comme des maisons, les animaux sauvages et les bêtes fauves, concouraient à l'ornement de ces lieux de plaisance. L'Europe, à la même époque, manquait de jardins des plantes. Quand on lit les récits de la conquête, on se prend d'admiration pour le jardin du roi Nezahualcoyotl, à Tezcotzinco (deux lieues de Tezcuco), suspendu sur le flanc d'une colline dont on gravissait la pente par cinq cent vingt marches, et que couronnait, par un tour de force de l'hydraulique, un bassin d'où l'eau descendait successivement dans trois autres réservoirs ornés de statues gigantesques. On s'arrête de même à la description des jardins dont Cuitlahua, frère de Montezuma, son éphémère successeur, avait embelli sa résidence d'Iztapalapan, et de ceux d'un simple cacique, à Huaxtepec, qui n'avaient pas moins de deux lieues de tour, à ce que dit Cortez dans sa troisième lettre à Charles-Quint. On s'étonne de tout ce que Montezuma lui-même avait accumulé dans le sien de Mexico. Aujourd'hui le voyageur qui, à Chapoltepec, erre à l'ombre des énormes cyprès portant le nom de Montezuma, mais antérieurs à ce prince, et foule avec un recueillement qu'on ne peut maîtriser ce sol jadis consacré à la sépulture des empereurs, comprend tout ce que le monarque aztèque avait pu faire, avec l'art de ses jardiniers, dans la plaine qui entoure cette solitaire colline de porphyre, en aidant l'action du soleil tropical de celle de l'eau pure qui sourd du pied du rocher, et il trouve raisonnable ce qu'on nomme la folie du jeune vice-roi Galvez, qui, pour jouir du magnifique spectacle étalé tout autour, fit construire au sommet le superbe château réduit déjà à l'état de ruine. Les plus humbles particuliers partageaient le goût des grands pour les fleurs. Lorsque Cortez, après son débarquement et la fondation de la Villa Rica de la Vera-Cruz, fait son entrée dans la ville de Cempoalla, les indigènes viennent au-devant de lui, hommes et femmes, se mêlant sans crainte aux soldats, portant des bouquets et des guirlandes de fleurs dont ils ornent le cou du cheval de Cortez, et passent autour de son casque un chapelet de roses.

Une autre curiosité, qui semble répandre sur le nom des Aztèques un parfum d'idylles, et donnerait à supposer que ce peuple avait des goûts d'une innocence riante comme les bergers de l'Arcadie, c'étaient les chinampas ou jardins flottants qui étaient répandus sur les lacs. Des amas de lianes ou des radeaux tourbeux en avaient sans doute inspiré l'idée aux Aztèques, alors que, comme les juifs, il se préparaient à leur grandeur future sous la rude loi d'un pharaon, chef d'une nation étrangère à laquelle ils étaient soumis. Le terrain leur était mesuré comme la Bible dit que l'était la paille aux Hébreux ; ils en avaient créé en liant les uns aux autres, à la surface du lac, des paquets de roseaux ou de branchages sur lesquels on répandait une légère couche de terre. Et l'usage en resta lorsque les Aztèques furent les maîtres. Ces îles artificielles de 50 à 100 mètres de long servaient à la culture des légumes et des fleurs pour le marché de la capitale. Quelques-unes avaient assez de consistance pour que des arbustes assez élevés pussent y croître ; on y édifiait même une cabane en matériaux légers. On les amarrait à volonté contre la rive par des perches, ou, au contraire, on les faisait avancer par le même procédé avec leur parure fleurie. Ce spectacle frappait vivement les Espagnols et leur faisait dire, selon Bernal Diaz, qu'il fallait qu'ils eussent été transportés dans une région enchantée, pareille à celle dont ils avaient lu la description dans le roman d'*Amadis de Gaule*, fort célèbre à cette époque.

L'état de leurs arts et métiers était satisfaisant : ils produisaient non-seulement ce qui était utile pour les besoins de la vie, mais même des objets d'un grand luxe. Le coton et le fil d'aloès leur fournissaient leurs habits ; ils faisaient en coton une espèce de cuirasse (*escaupil*) impénétrable aux flèches ; ils savaient teindre les tissus d'un grand nombre de couleurs minérales ou végétales : j'ai nommé surtout la cochenille, qui est à la lettre une couleur animale. Ils cuisaient de la poterie pour les usages domestiques et faisaient aussi des ustensiles en bois vernissé comme les Russes d'aujourd'hui. Ils n'avaient pas le fer : cet utile métal, sur les deux continents, n'a été connu de l'homme qu'assez tard après que la civilisation était éclose ; mais, semblables en cela aux Égyptiens et aux premiers Grecs, ils le remplaçaient par le bronze qui, écroui, acquiert une grande dureté. Ils y suppléaient aussi au moyen d'une substance minérale vitreuse, mais plus dure que le verre, appartenant aux terrains volcaniques, l'obsidienne (*iztli*). Ils étaient habiles à tailler l'obsidienne en tranchants : ils en faisaient des outils, des couteaux, des rasoirs (car, quoique moins barbus que nous, ils avaient des barbiers), des pointes de flèche ou de pique. De leurs mines qu'ils exploitaient grossièrement, ils extrayaient du plomb, de l'étain, de l'argent, de l'or, du cuivre. Ils excellaient à travailler les métaux précieux ; les ornements et vases d'or et d'argent que Cortez reçut de Montezuma avant de gravir le plateau et ceux qu'il trouva à Mexico étaient fondus, soudés, fouillés au burin, enrichis de pierres gravées, émaillés avec un art ignoré alors des orfèvres d'Europe, et ceux-ci eux-mêmes s'avouaient vaincus, s'il faut en croire les écrivains contemporains de la conquête. « Aucun prince du monde connu, écrit Cortez à

Charles-Quint, ne possède de joyaux d'une aussi grande valeur, » et il indique bien que la façon ne le cédait en rien à la matière elle-même.

On peut dire à ce sujet qu'ainsi qu'il est d'usage dans les pays aristocratiques et despotiques, où les jouissances de quelques-uns absorbent l'existence d'un grand nombre et où s'applique la maxime, *humanum paucis vivit genus…*, la civilisation mexicaine avait en abondance le superflu et manquait souvent du nécessaire. La même réflexion se présente à l'esprit naturellement, à l'occasion d'un autre art que les Aztèques pratiquaient avec un grand succès, celui des étoffes de plumes. Le pays abonde, comme au surplus toutes les terres tropicales, en oiseaux au beau plumage. Ces plumes, artistement tressées au moyen d'une chaîne en coton et associées quelquefois au poil des animaux, formaient des tissus des couleurs les plus riches et les plus variées, d'un dessin fort correct, qui servaient à la parure des riches, à la tenture des appartements et des temples. Cette industrie occupait beaucoup de bras, et il paraît que ce fut celle dont les produits firent le plus de sensation en Europe.

Un chef mexicain, aux jours de bataille, se parait, par-dessus sa cuirasse en or, d'un mantelet de plumes ; il portait un casque, tantôt en bois et en cuir, tantôt en argent, figurant la tête menaçante d'un animal qui servait de signe distinctif à sa famille, avec un panache de plumes à ses couleurs. Ses bras étaient garnis de bracelets ; un collier d'or et de pierreries lui descendait sur la poitrine. Plusieurs avaient un bouclier sculpté et bordé de plumes tressées. Leurs armes étaient les flèches, la fronde, le javelot, la pique, et le *maquahuitl*, sorte de glaive qu'on maniait à deux mains, comme les épées du moyen-âge, long d'un mètre environ, à deux tranchants formés de lames d'obsidienne fixées dans une barre de bois. Souvent la pointe des flèches et des piques était en cuivre. Ils se formaient en corps, en colonnes, et savaient défiler avec un certain ordre. L'Européen, la première fois qu'il se trouvait en présence de tels adversaires, jugeait aussitôt qu'il n'en aurait pas raison facilement. Cette pensée vint assaillir l'âme de Cortez, lorsqu'il fut face à face avec les Tlascaltèques, moins policés pourtant que les Mexicains et d'un luxe bien moindre, et moins bien armés, mais non pas moins vaillants.

Leur architecture était déjà monumentale. Le sol mexicain fournit différentes pierres d'origine volcanique, sortes de laves ou d'amygdaloides d'une grande résistance. Le *tetzontli*, de toutes ces pierres la plus employée à Mexico, est poreux et par conséquent léger, ce qui le rend très commode pour la construction, en même temps que la substance en est dure et inaltérable. Pour la sculpture, qu'ils pratiquaient beaucoup, ils avaient des porphyres noirs, d'autres bigarrés. Les palais étaient spacieux, mais presque tous à un étage seulement et composés de plusieurs corps de logis distribués dans une vaste enceinte, disposition qui ressemble beaucoup à celle des palais de la Chine. Il y a tout lien de penser que c'était motivé par les tremblements de terre, qui sont fréquents à Mexico, mais n'y sont pas violents, de sorte que les modernes ont pu y élever des édifices d'une assez grande hauteur, pourvu qu'ils les fissent passablement massifs. Les Aztèques lambrissaient leurs palais en bois odoriférants habilement sculptés. Extérieurement les murailles étaient recouvertes d'un stuc blanc, solide, qui les faisait briller au soleil, si bien que lorsque, pour la première fois, les Espagnols rencontrèrent une ville mexicaine (celle de Cempoalla), les cavaliers de l'avant-garde revinrent au galop annoncer à leurs camarades que les maisons étaient plaquées de lames d'argent. Intérieurement les appartements étaient ornés de marbres et de porphyres ou tendus en tapis de plumes. Les temples étaient de grandes pyramides en briques cuites au soleil ou simplement en terre, avec un parement en pierre, surmontées de sanctuaires et de tours qu'ornaient les statues des dieux ; au sommet brûlaient nuit et jour des feux qui, dans l'obscurité des longues nuits tropicales, donnaient aux villes un aspect mystérieux et imposant. L'immensité des temples et des palais, L'énorme travail que supposaient les constructions de tout genre réunies dans la vallée de Mexico, au nombre desquelles il faut citer les chaussées en maçonnerie jetées dans le lac, arrachèrent des cris d'admiration aux *conquistadores* et à leur général, peu prompt cependant à s'émouvoir. Lorsque Cortez, dans ses rapports à Charles-Quint, mentionne la ville d'Iztapalapan, qu'il traversa avant d'entrer dans la capitale de Montezuma, c'est pour lui dire qu'il y a des palais comparables à ce que l'Espagne offre de plus beau. Au sujet de Mexico, quand l'opiniâtre défense de Guatimozin l'oblige de la démolir maison par maison, il raconte à l'empereur que c'est avec un amer chagrin, parce que c'est *la plus belle chose du monde*.

La mécanique mexicaine était dans l'enfance : en cela, les peuples de l'antiquité les plus fameux n'étaient pas plus avancés. Cependant les Mexicains étaient parvenus à mouvoir de grandes masses, moins énormes, à la vérité, que celles des Égyptiens. Telle était, par exemple, la pierre du zodiaque aujourd'hui encastrée dans les murs de la cathédrale de Mexico (M. Prescott l'estime à 50,000 kilogrammes), qu'on avait fait venir par terre de plusieurs lieues.

Un religieux venu immédiatement après la conquête, et qui a laissé l'un des meilleurs livres qu'on ait sur cette civilisation, le père Toribio, caractérise en ces termes l'industrie des Mexicains :

« En général, ils n'ignorent rien de ce qui a rapport aux travaux des champs et de la ville. Jamais un Indien n'a besoin de recourir à un autre pour se construire une maison ou pour se procurer les matériaux nécessaires. Dans quelque endroit qu'ils soient, ils savent où trouver de quoi lier, couper, coudre tout ce qu'ils veulent, et allumer du feu. Les enfants même connaissent les noms et les qualités de tous les animaux, des arbres, des herbes, qui sont de mille espèces, ainsi que d'une multitude de racines dont ils se nourrissent.

Tous savent tailler une pierre, bâtir une maison, faire une corde, un câble de jonc, et se procurer ce qu'il faut pour cela. Enfin ils connaissent tous les métiers qui ne nécessitent pas un grand talent ou des outils : délicats. Lorsqu'ils sont surpris par la nuit en pleine campagne, en un instant ils se construisent des cabanes, surtout lorsqu'ils voyagent avec des chefs ou des Espagnols ; alors tous, quels qu'ils soient, mettent la main à l'ouvrage de bon cœur. »

La multiplicité des produits de l'industrie mexicaine est certifiée encore par les descriptions, consignées dans plusieurs relations, du marché de Mexico, qui se tenait tous les cinq jours sur une place entourée de portiques, dont Cortez dit qu'elle était vaste deux fois comme la ville de Salamanque, et que 60,000 personnes y trafiquaient à l'aise. L'ordre qui régnait dans cette multitude et présidait aux transactions, la rapidité avec laquelle des magistrats spéciaux résolvaient les litiges et punissaient les infractions à la loi, sont des preuves plus irrécusables encore du degré où ces peuples étaient arrivés.

Leur système de numération écrite et parlée était simple. Pour ne parler que de la première, elle reposait sur le nombre vingt, qui était représenté par un drapeau. La base du système était ainsi divisible, non-seulement par le nombre cinq, que tous les peuples paraissent avoir affectionné, sans doute à cause des doigts de la main, mais aussi par le nombre quatre, qui implique lui-même la division par deux. On sait que le côté faible de notre système décimal consiste dans l'impossibilité de diviser par quatre le nombre dix, qui en est la base. Leurs signes représentaient ce qu'on nomme en arithmétique les *puissances* successives de 20, c'est-à-dire 20 fois 20 ou 400 qu'on indiquait par une plume, 20 fois 400 ou 8,000 qui se figurait par une bourse, et ils avaient rarement besoin d'aller au-delà de cette troisième puissance, parce qu'ils en combinaient le signe avec leurs autres figures. C'est comme si nous avions des chiffres successifs pour les nombres dix, dix fois dix ou cent, dix fois cent ou mille. D'un à vingt, les nombres se représentaient en groupant autant de points qu'il y avait d'unités. Cette écriture arithmétique, fort inférieure à celle que nous tenons des Indous par l'intermédiaire des Arabes, et qui est fondée sur l'idée si ingénieuse des valeurs de position, vaut celle des Grecs et des Romains, et y ressemble prodigieusement, car les principaux chiffres romains correspondent aux puissances successives de dix. Les signes vingt, quatre cents, huit mille, se fractionnaient par moitié et par quart, afin d'indiquer, sans grande complication, tous les nombres. Ainsi 200 se figurait par la moitié d'une plume, 6,000 par les trois quarts d'une bourse.

J'ai nommé les manuscrits des Mexicains Ils avaient une écriture, ils en avaient même plus d'une. Ils se servaient non-seulement de signes hiéroglyphiques, tant *figuratifs* que *symboliques*, mais aussi, de même que les Égyptiens, de signes *phonétiques*, représentant non plus une chose, ou une action, ou une idée, mais un son. De là à l'alphabet il n'y a qu'un pas, ou, pour mieux dire, c'est déjà un alphabet ; mais bien moins que les Égyptiens ils firent usage de cette découverte précieuse des signes phonétiques, et se bornèrent presque toujours aux signes figuratifs et symboliques. Il en résultait qu'il fallait beaucoup aider l'écriture par la mémoire. Leurs livres, en feuillets comme les nôtres, et non pas en rouleaux comme ceux des anciens, étaient réunis en bibliothèques. Malheureusement, presque tout fut brillé après la conquête. Le premier archevêque de Mexico, homme recommandable d'ailleurs par la chaleur avec laquelle il protégea les Indiens contre la rapacité des colons, venus, semblables à des oiseaux de proie, pour dévorer les fruits de la conquête, rechercha dans le pays tous les manuscrits, et en fit, sur la grande place de Mexico, un solennel auto-da-fé. Il y en avait, disent les écrivains du temps, une montagne, et chacun eut à cœur d'imiter ce triste exemple, croyant ainsi montrer son zèle pour la religion.

L'état de leurs connaissances astronomiques dénoterait des moyens d'observation et des méthodes d'appréciation d'une exactitude surprenante. Ils étaient parvenus à connaître la longueur de l'année mieux que les Romains du temps de César, mieux que l'Europe officielle sous François Ier et Charles-Quint ; leur méthode d'intercalation pour tenir compte de la fraction de jour qui entre dans la durée exacte de l'année *tropique* était équivalente, à très peu près, à celle qu'a établie la réforme grégorienne. Par celle-ci, on intercale vingt-quatre jours en cent ans; les Aztèques en intercalaient 25 en 104 ans. La différence est bien faible. La longueur de l'année tropique est de 365 jours, plus une fraction représentée par 5 heures 48 minutes 49 secondes. Cette fraction de près d'un quart de jour par an, qui oblige à l'intercalation d'un jour entier ou d'un certain nombre de jours après une certaine période, était supposée, dans le calendrier introduit par Jules César, d'un quart tout juste. De la sorte, on était en avance, au temps du pape Grégoire XIII, de dix jours. La réforme grégorienne, décrétée en 1582, qui intercale un jour tous les quatre ans, sauf aux années séculaires, pour lesquelles toutefois l'exception n'a lieu que trois fois sur quatre, suppose que cette fraction est de 5 heures 49 minutes 12 secondes. L'année moyenne du calendrier grégorien est donc trop forte de 23 secondes, soit un jour en quatre mille ans. Chez les Mexicains, l'année moyenne mettait cette fraction à 5 heures 46 minutes 9 secondes. Leur année moyenne se trouvait ainsi conforme au calcul célèbre des astronomes du calife Almamon.

Laplace, frappé de cette approximation des Mexicains, aurait voulu l'attribuer à quelque communication avec l'Asie ; mais il fut arrêté par une réflexion fort judicieuse. « Pourquoi, dit-il, si cette détermination aussi exacte de la longueur de l'année leur a été transmise par le nord de l'Asie, ont-ils une division du temps si différente de celles qui ont été en usage dans cette partie du monde? » Le mieux est donc de croire que cette estimation était l'ouvrage des peuples du Mexique eux-mêmes.

Cette estimation exacte de l'année n'était pas chez eux un fait isolé et sans conséquence ; c'est d'après elle qu'était rigoureusement calculé le retour de leurs fêtes et de leurs cérémonies religieuses. Raison de plus pour leur en faire honneur.

A côté de ces preuves remarquables de puissance intellectuelle et de civilisation, on retrouve les signes de l'enfance des arts. Ainsi, pour monnaie ils avaient des grains de cacao, en nombre connu, dans des sachets, ou de la poudre d'or, en quantité incertaine, dans des tuyaux de plume, ou des morceaux d'étain en forme de T. Eux, si habiles à travailler l'or et l'argent, n'avaient pas eu l'idée de frapper ces métaux ou de les fondre en disques ou en carrés d'un poids déterminé. On a assuré même que la notion du poids leur manquait, ce qui est incroyable et inadmissible, quoique M. Prescott semble le considérer comme vraisemblable ; une seule chose paraît certaine, sur les marchés mexicains tout se mesurait au volume ou au nombre de pièces ; voilà ce que rapporte Cortez à Charles-Quint, mais il se garde bien de dire

que la notion de la pesanteur manquât à ces
peuples.

Chapitre III

LITTERATURE DES MEXICAINS

J'ai dit que les Mexicains avaient des livres. C'est qu'ils possédaient une véritable littérature historique et poétique. Ils faisaient des vers ; ils composaient des chants, des odes. La ville de Tezcuco, capitale florissante des Acolhues, se signalait par l'amour des lettres. On y parlait le plus pur et le plus raffiné des dialectes d'Anahuac. Selon l'expression de M. Prescott, c'était l'Athènes du Nouveau-Monde. De tout le Mexique, les familles les plus illustres y envoyaient leurs fils, selon Boturini, apprendre les délicatesses du langage, la poésie, la philosophie morale, la théologie, l'astronomie, la médecine et l'histoire. Le mouvement littéraire et scientifique y prit une grande activité sous le règne de Nezahualcoyotl, prince glorieux, qui reconquit, tout juste un siècle avant les Espagnols, le trône de ses pères, d'où un usurpateur l'avait chassé. Il créa, sous le titre de conseil de musique, une académie qui cumulait, avec ses occupations lettrées, des fonctions administratives et politiques. C'était un corps voué aux muses, comme nous pourrions dire, conservateur des bonnes traditions et du goût, protecteur des jeunes talents. A certains jours solennels, les auteurs venaient y réciter des poèmes et y recevoir des prix. Les trois souverains mexicains, rois de Tezcuco, de Tenochlitlan (Mexico) et de Tlacopan, *las tres cabezas*, pour employer l'expression ordinaire des narrateurs espagnols, étaient membres de ce corps et participaient à ses travaux, de même que Napoléon était de l'Institut. Ils s'honoraient d'avoir pour confrères, en cette qualité, les hommes les plus instruits du pays, quelle que fût leur naissance. Comme conseil de censure, cette assemblée avait à juger les ouvrages d'astronomie, d'histoire, de chronologie et de toute science, avant qu'ils fussent livrés au public ; mais son action n'était pas toujours préventive, car il paraît qu'elle reprenait les auteurs et les punissait, et on retrouve ici un exemple de la cruauté du code pénal de ces peuples : le mensonge historique, lorsqu'il était commis de propos délibéré, était puni de mort. C'était enfin un conseil général de l'instruction publique, décernant aux professeurs leurs diplômes et surveillant les études.

Le roi Nezahualcoyotl ne dédaignait pas de se ranger parmi les poètes qui concouraient devant l'académie : c'était cultiver les arts avec plus de discernement et de grandeur que Néron, lorsqu'il chantait devant le peuple, ou que Louis XIV, lorsqu'il paraissait dans les ballets, même avec la prétention d'être *nec pluribus impar*, et on ne dit pas qu'il ait jamais commis de petitesses littéraires, qu'il ait été jaloux de ses rivaux, ou que, intraitable à l'égard des critiques, il les ait jamais envoyés aux carrières. C'est que ce prince était réellement le premier poète de son époque. Il offre beaucoup de ressemblance avec deux grands princes de l'Orient, le roi David et le kalife Haroun-al-Raschid. Comme le premier, il releva une monarchie en ruines ; comme le second, il était d'une rare magnificence et d'un goût exquis dans ses constructions ; comme tous les deux, il fut législateur et organisa une administration complète dont sa personne était le centre. Il remplissait ses devoirs administratifs avec zèle, intelligence et succès, et c'est à peine si, dans ses états, il restait des terres en friche. Semblable au kalife de Bagdad, il aimait à prendre des déguisements et à parcourir sa capitale avec son Mesrour et son Giafar, se mêlant aux groupes pour savoir ce qu'on pensait de son gouvernement, et recherchant des aventures qui lui donnaient occasion de déployer ses belles qualités. On retrouve dans sa vie un épisode qui semble calqué sur l'histoire des amours de David pour Bethsabé, la femme de l'infortuné Urie. Ses odes, dont quelques-unes ont été conservées, ne sont certes pas à la hauteur des psaumes de David, et il est difficile d'en juger la forme sur des traductions un peu libres probablement ; mais le fonds en est bien remarquable. Elles respirent une philosophie d'une douce mélancolie et pleine de confiance en une autre vie. Ses maximes, recueillies çà et là et rapportées, avec mille détails sur sa vie et son gouvernement, par un Indien de sa descendance directe qui a écrit en espagnol, Ixtlixochitl, sont d'une rare beauté. Quant à ses idées religieuses, c'est à croire qu'il avait conversé avec Platon ou avec saint Paul. Après avoir regagné le trône de ses pères, il accorda une amnistie générale en prononçant ces paroles : « Un roi punit, mais ne se venge pas. » Il semble qu'on entend Louis XII disant que le roi de France ne venge pas les injures du duc d'Orléans. C'est lui qui éleva un temple magnifique, avec cette inscription sur l'autel, qui rappelle celle de l'Aréopage si heureusement relevée par saint Paul : *Au Dieu inconnu, cause des causes*. Et si l'on veut juger du caractère de sa poésie, voici un extrait décoloré d'une de ses ode :

« Les pompes passagères de ce monde sont comme des saules verts qui, bien qu'ils arrivent à un âge avancé, finissent par être consumés par le feu. La hache les renverse, un ouragan les déracine, la vieillesse et la décrépitude nous courbent et nous attristent.

« Toutes choses sur la terre sont destinées à périr. Au comble de la splendeur, au milieu de l'ivresse de la joie, une faiblesse impitoyable s'en saisit, et elles tombent en poussière.

« Le globe est un sépulcre. De tout ce qui s'élève et vit à sa surface, il n'est rien qui ne doive rentrer sous terre. Les rivières, les torrens et les sources descendent en courant, sans jamais remonter aux lieux plaisans qui les virent naître. Ils se hâtent comme s'il leur tardait de se précipiter dans les gouffres sans fond de Tluloca (le dieu de la mer). Ce qui était hier n'est plus aujourd'hui, et de ce qui subsiste aujourd'hui, qui peut dire ce qui restera demain ?

« La pourriture des tombeaux, ce sont les corps qu'animait jadis l'ame vivante d'hommes puissans qui s'asseyaient sur des trônes, présidaient des assemblées, menaient les armées à la victoire, soumettaient des empires, se faisaient décerner les hommages et les adorations des hommes, se gonflaient d'un vain orgueil, se gorgeaient de domination.

« Mais toutes ces gloires se sont dissipées comme la fumée menaçante que lance la bouche du Popocatepetl, et ce qui reste de toutes ces vies pompeuses se réduit à une peau grossière sur laquelle le chroniqueur a tracé quelques lignes. »

Vient ensuite une strophe où le roi législateur et poète semble s'être inspiré à la fois de la pensée qui a dicté à Juvénal ses beaux vers :

Expende Annibalem, quot libras in duce summo ...

et des paroles que le prêtre chrétien adresse à chaque fidèle le mercredi des cendres, en lui faisant un signe sur le front :

« Hélas ! si je vous conduisais dans les détours obscurs de ces panthéons et si je vous demandais où sont les os du puissant roi qui fut le premier chef des anciens Toltèques, et ceux de Necaxecmitl, le pieux adorateur des dieux ; si je vous sommais de m'apprendre quels sont les restes de l'impératrice Xiuhtzal à l'incomparable beauté, et du pacifique Topietzin, dernier souverain du malheureux royaume toltèque ; si je vous disais de m'indiquer quelles sont les cendres sacrées de notre premier père Xolotl, celles du très magnifique Nopaltzin et du généreux Tlotzin, et même celles encore chaudes de mon père, glorieux et immortel malgré ses malheurs ; si l'on vous adressait de pareilles questions sur tous nos illustres ancêtres, que répondriez-vous si ce n'est ce que je répondrais moi-même : *indipohdi, indipohdi,* je n'en sais rien, je n'en sais rien ; car les premiers et les derniers sont confondus pêle-mêle au sein de la terre. Ce qu'il en est d'eux, il en sera un jour de nous-mêmes et de ceux qui viendront après nous. »

Il termine par ces consolantes paroles :

« Mais demeurons pleins de courage et de confiance, nobles chefs, et vous aussi, amis fidèles, loyaux sujets. Aspirons au ciel où tout est éternel et où chaque chose défie la corruption. La tombe avec ses horreurs est le berceau du soleil et les ombres lugubres de la mort sont des lumières éblouissantes pour les espaces étoilés... »

Chapitre IV

DE LEUR CONSTITUTION POLITIQUE ET SOCIALE

L'empire mexicain était une fédération de trois royaumes qui s'étaient formés chacun par l'agglomération volontaire ou forcée de plusieurs des peuplades de la famille des Nahuatlacs : c'étaient le royaume des Aztèques, dont la capitale, avons-nous dit, était à Tenochtitlan (Mexico), celui des Acolhues ou Tezcucans, dont le roi résidait à Tezcuco de l'autre côté du lac, et enfin le moindre royaume de Tlacopan (Tacuba). A l'origine, ces trois états étaient d'un rang égal, et s'il y avait eu une primauté, elle eût été pour celui de Tezcuco, qui se distinguait par sa culture intellectuelle et morale. Réunis, ils ne dépassaient pas l'enceinte de la vallée de Mexico, qui n'a pas plus de 300 à 400 kilomètres de tour. L'organisation intérieure des trois royaumes était à peu près la même, ce qui était naturel à des nations d'une même souche, parlant les dialectes d'une même langue. Peu à peu ils éprouvèrent cette vérité bien connue, mais trop peu pratiquée, que l'association fait la force. Ils étendirent leur domination au loin et s'incorporèrent de nombreuses nations. Celui des trois qui gagna le plus fut l'empire aztèque, peuplé d'une race plus active, plus résolue, plus fière, et d'une énergie supérieure. A l'arrivée des Espagnols, l'empereur mexicain exerçait sur les deux princes ses confédérés une suprématie incontestée. Il les consultait toutes les fois que se présentait une circonstance grave, mais on peut dire qu'ils n'étaient plus que les premiers de ses vassaux.

L'organisation politique était militaire et théocratique, non cependant sans plusieurs restrictions ; il semble que tel doive être constamment le point de départ des grandes sociétés. Cependant elle différait de l'Inde et de l'antique Égypte en ce que la nation n'était point partagée en castes dont il fût impossible de franchir les barrières. Les enfants prenaient d'ordinaire la profession de leurs parents, mais c'est ce qui arrive communément dans toute société qui est assise. Il y avait une noblesse, à plus d'un degré même, possédant des immunités, telles que l'exemption des taxes ; mais ce que j'appellerais dans le style européen les charges de l'état n'étaient point héréditaires. L'empereur les déléguait à qui se recommandait par ses exploits. Dans la famille impériale elle-même, quand les enfants étaient trop jeunes, le frère du monarque défunt leur était préféré. Un noble ne dérogeait pas en s'appliquant à l'industrie. « Livre-toi, disait un père noble à son fils, au travail des champs, ou aux ouvrages en plumage ; choisis enfin une profession honorable ; Ainsi ont fait tes ancêtres avant toi, autrement comment auraient-ils subvenu à leur existence et à celle de leur famille ? Je n'ai vu nulle part qu'on puisse se suffire à soi-même par sa seule noblesse. » De pareilles idées supposent entre les privilégiés et le commun des hommes l'absence d'une démarcation profonde. Aussi tout homme qui se distinguait à la guerre était-il anobli. « C'est la coutume, dit l'un des acteurs de la conquête, de récompenser et de payer très généreusement les gens de guerre qui se distinguent par une action d'éclat. Quand ce serait le dernier des esclaves, ils le font capitaine, l'anoblissent, lui donnent des vassaux, et il jouit d'une si grande estime, que partout où il se présente on le respecte, on l'honore comme un vrai seigneur. » Dans une des dernières rencontres, au siège de Mexico, le commandant des Espagnols ayant demandé quelques nobles qui vinssent parlementer avec lui, « nous sommes tous nobles, » lui répondirent les Aztèques.

Les princes aztèques avaient institué chez eux des distinctions tout-à-fait semblables aux ordres de chevalerie, ayant leurs insignes particuliers et leurs privilèges spéciaux. Il parait même qu'il y existait un grade inférieur qu'il fallait avoir acquis pour porter des ornements sur sa personne. Jusque-là on était forcé de se vêtir d'un tissu grossier fait avec la fibre de l'aloès. Les membres de la famille impériale eux-mêmes étaient en cela soumis à la loi commune. Ainsi dans la chevalerie du moyen-âge on n'avait le droit de bannière et celui d'inscrire une devise sur son écu, on n'était en un mot chevalier qu'après s'être signalé par quelque fait d'armes. Ces ordres militaires des Aztèques étaient accessibles à tous, sans distinction de naissance. Les empereurs eux-mêmes n'étaient membres de quelques-uns de ces ordres qu'à certaines conditions. Des institutions semblables existaient chez tous les voisins des Aztèques.

On trouve des traces de l'esprit chevaleresque entendu à l'européenne dans plusieurs de leurs usages. Ainsi, pendant des guerres acharnées entre les Aztèques et les gens de Tlascala, les nobles aztèques faisaient passer aux seigneurs tlascaltèques du coton, du sel, du cacao, toutes choses que le pays de ceux-ci ne fournissait pas et qu'ils ne pouvaient, une fois en guerre, se procurer du dehors, parce que le territoire de Tlascala était enclavé entre les provinces aztèques. Ces envois étaient accompagnés de paroles courtoises. Il n'en résultait cependant rien de contraire à l'honneur ; de part et d'autre, après ces politesses, on s'égorgeait le plus bravement du monde sur les champs de bataille.

Les lettrés, si je puis employer l'expression chinoise, étaient en grande considération. Nous avons vu comment les rois se mêlaient à eux sur le pied d'égalité dans des corps analogues à nos académies. Le commerce proprement dit était une profession particulièrement honorée ; les commerçants allaient en caravanes nombreuses, bien armés. Ils rendaient à l'état des services de plus d'une sorte, par les renseignements qu'ils rapportaient, non moins que par les richesses que produisaient leurs échanges ; les princes les traitaient avec distinction. Le crédit dont jouissaient cette profession et celle des lettrés, et le rang qui leur était attribué, sont bien dignes de remarque et sont propres à donner une idée favorable de l'avancement de ces peuples. Dans l'enfance des sociétés, toute l'importance est dévolue sans partage au guerrier et au prêtre.

L'esclavage subsistait cependant parmi eux, mais il était tout personnel, et ne se transmettait point par la naissance. C'était chez eux une maxime de droit public, que l'homme naît libre. L'esclave conservait deux droits civils qu'on regarde non sans raison comme incompatibles avec l'esclavage, celui de la propriété et celui de la famille. On était réduit à cette condition par arrêt des tribunaux dans les procès criminels, pour dettes envers l'état, ou lorsqu'on s'y résignait soi-même en se vendant. Les parents avaient la faculté de trafiquer ainsi de leurs enfants. Les lois protégeaient l'esclave et stipulaient ses droits avec rigueur. Le maître traitait l'esclave avec ménagement comme un membre de la famille, ainsi que nous le voyons en Orient ; il arrivait rarement qu'il le vendît, à moins de vice ou de penchant prononcé à la désobéissance. Il va sans dire que les prisonniers de guerre étaient mis en esclavage, lorsqu'on ne leur faisait pas un plus mauvais parti.

Les lois étaient promulguées régulièrement, et des tribunaux étaient chargés de les appliquer. Parmi les Aztèques, il y avait trois juridictions, dont le premier degré était électif, et le dernier se réduisait, pour chaque division du territoire, à un seul juge nommé par le prince, inamovible, des arrêts duquel il n'y avait point appel même au souverain. Dans les affaires civiles cependant, la juridiction n'avait que deux degrés. Dans le royaume de Tezcuco, l'organisation judiciaire était différente, mais toujours conforme aux principes de la raison et de l'équité. La loi mexicaine était partout d'une sévérité extrême ; la peine de mort s'y montrait sans cesse : peine de mort pour le meurtre, pour l'adultère, pour certains vols spécifiés ; peine de mort pour le propriétaire qui déplaçait les bornes des champs ; peine de mort même pour le fils de famille qui se livrait à l'ivrognerie ou qui dissipait son patrimoine. En comparaison du bon roi Nezahualcoyotl, auteur d'un code qui du royaume de Tezcuco était passé chez les princes ses voisins, le terrible Dracon est un législateur plein de mansuétude.

L'administration veillait à un grand nombre de besoins publics. Le service des impôts se faisait avec exactitude et rigidité. Les taxes se payaient en denrées ou en produits ; de vastes greniers et d'immenses magasins étaient destinés à les recevoir. Malheur au contribuable qui ne s'acquittait pas ; l'inexorable percepteur le faisait vendre comme débiteur du trésor. Modérés à l'origine, les impôts, sous les derniers empereurs, étaient devenus très onéreux ; parce que les princes s'étaient créé, par leur faste, d'artificielles nécessités, et que, pour maintenir l'obéissance des provinces conquises, ils étaient forcés d'entretenir des armées nombreuses.

Comme dans les états qui se sentent en croissance et ont l'humeur conquérante, l'armée était de la part du souverain l'objet d'une vive sollicitude. Ainsi, sous le dernier Montezuma, l'empire aztèque fut doté d'une institution pareille à celle qui compte parmi les plus beaux titres de Louis XIV, il eut un Hôtel des Invalides.

Dans le même intérêt de leur agrandissement, les empereurs aztèques pratiquaient des usages qui semblent ne jamais accompagner qu'une civilisation raffinée et déjà corrompue. On voit en effet, dans le récit de la conquête, que Montezuma avait à sa solde quelques-uns des conseillers intimes des souverains ses alliés ; c'est ainsi qu'il parvint à tendre un piège à Cacamatzin, qui occupait le trône de Tezcuco, et à le faire tomber entre les mains de Cortez.

La forme du gouvernement était celle d'une monarchie absolue, non cependant sans quelques tempéraments. Il y avait de grands vassaux, fort puissants, que le prince avait à ménager. Il les retenait auprès de sa personne une partie de l'année, dans sa capitale, où ils menaient une existence fastueuse, entourés de leurs gens ; c'étaient les chefs des pays conquis, dont l'assimilation n'était pas parfaite, à beaucoup près, faute d'avoir encore reçu la sanction du temps. Pourtant les monarques aztèques étaient parvenus, par l'adresse et par la terreur, à accréditer la fidélité à leur personne comme une sorte de dogme, qui, lors de la conquête, fut observé à peu près en raison de la durée de l'incorporation des provinces et de leur proximité de Mexico. Le prince concentrait en lui la puissance législative ; mais il est à croire que chacun des grands caciques la conservait dans ses domaines, entre certaines limites.

En second lieu, les populations avaient une forte garantie contre l'absolutisme dans l'inamovibilité des juges de l'ordre le plus relevé. Enfin, de quelque respect qu'on entourât la personne du prince, il ne paraît pas que les sujets y vécussent dans l'asservissement au point d'être avilis ; c'était une soumission qui n'excluait même pas la dignité, et on a lieu de croire que, chez le Mexicain, le sentiment du devoir envers le souverain s'accordait, jusqu'à un certain point, avec celui des droits de chacun. On en trouve la preuve dans les discours qu'a conservés l'oïdor Zurita, par lesquels les chefs inférieurs accostaient l'empereur, et les femmes la souveraine. C'est une suite d'avis exprimés avec franchise, et les chambres législatives d'Europe, de quelque esprit d'opposition qu'elles fussent saisies, ne consentiraient pas à tourner ainsi une adresse au roi. En voici une phrase qui donne la mesure du reste « Dieu, dit-on au souverain, vous a fait une grande faveur en vous mettant à sa place ; honorez-le, servez-le, prenez courage, ne doutez pas ; ce puissant maître qui vous a donné une charge si pesante vous aidera et vous donnera la couronne de l'honneur, si vous ne vous laissez pas vaincre par le méchant. »

Le discours du grand-prêtre à l'empereur, lors de ce que je pourrais appeler son sacre, avait à peu près le même caractère. Il y avait même des cérémonies destinées à graver dans l'âme des puissants de la terre leurs devoirs sacrés envers les populations :

« ... On conduisait le nouveau dignitaire (le futur souverain élevé au rang de *tècle*) dans une partie du temple, où il restait quelquefois un ou deux ans à faire pénitence. Il s'asseyait à terre pendant le jour ; le soir seulement on lui donnait une natte pour se coucher. La nuit, il allait au temple, à des heures fixées, pour brûler de l'encens, et les quatre premiers jours il ne dormait que quelques heures dans la journée. Près de lui étaient des gardes qui, lorsqu'il s'assoupissait, lui piquaient les jambes et les bras avec des épines de *metl* ou *maguey*, qui sont comme des poinçons, et lui disaient : *Éveille-toi, tu ne dois pas dormir, mais veiller et prendre soin de tes vassaux. Tu n'entres pas en charge pour avoir du repos. Le sommeil doit fuir de tes yeux, qui doivent rester ouverts et veiller sur le peuple.* »

Avec de la bonne volonté, on découvrirait même, dans les formes de l'avènement au pouvoir, des indices de l'exercice de la souveraineté populaire: «...L'héritier présomptif était préalablement décoré du titre de tecuitli (ou tècle), le plus honorable chez eux. Après plusieurs cérémonies religieuses, les gens du peuple l'insultaient par des paroles injurieuses et l'accablaient de coups pour éprouver sa patience. Telle était leur résignation, qu'ils ne proféraient pas une parole, et ne détournaient pas même la tête pour voir ceux qui les insultaient ou les maltraitaient. »

L'organisation politique et sociale des Aztèques était telle que Cortez en résume ainsi son opinion à Charles-Quint : « Pour l'obéissance qu'ils montrent à leur souverain et pour leur manière de vivre, ces. Indiens sont presque comme les Espagnols, et il y a à peu près autant d'ordre qu'en Espagne. Si l'on considère que ce peuple est barbare, privé de la connaissance de Dieu, de tout rapport avec les autres nations, et de la raison, on ne peut voir sans étonnement combien tout est sagement administré.

Chapitre VI

DE QUELQUES TRAITS DES CROYANCES DES MEXICAINS ET DE LEURS PRIÈRES

Les Mexicains croyaient à un Dieu suprême, créateur et maître de l'univers ; dans leurs prières, ils le qualifiaient de « Dieu par qui nous vivons, qui est partout, connaît tout, dispense tous les biens ; » ou encore « le Dieu invisible, incorporel, la *parfaite perfection* et pureté, sous les ailes duquel on trouve le repos et un abri inviolable. » Sous cet être suprême étaient rangées treize grandes divinités et plus de deux cents moindres, ayant chacune leur jour consacré, recevant toutes certains honneurs. Les Aztèques honoraient de préférence le dieu de la guerre Huitzilopochtli, dont ils avaient porté l'image devant eux, comme les Hébreux l'arche du Seigneur, durant leur long pèlerinage d'Aztlan à Tenochtitlan.

Parmi les divinités de l'olympe mexicain, une autre, dont on voit revenir souvent le nom pendant la conquête, est le dieu de l'air, Quetzalcoatl. Il avait résidé sur la terre et avait enseigné aux hommes l'art de la culture, celui de travailler les métaux, celui plus difficile de gouverner, et, disait la tradition, « il se bouchait les oreilles quand on lui parlait de la guerre. » D'après la mythologie aztèque, il avait fait goûter aux hommes des douceurs comparables à l'âge d'or des Grecs. Sous lui, on voyait la terre se couvrir, sans culture, et de fleurs et de fruits. Un épi de maïs faisait la charge d'un homme, de même que les grappes de raisin que les Juifs affamés par quarante ans de désert trouvèrent dans le pays de Chanaan. Le coton s'offrait sur l'arbre, teint des plus riches couleurs ; l'air était rempli de suaves parfums, et des oiseaux au brillant plumage faisaient entendre sans cesse une tendre mélodie. Cependant ce dieu paternel pour les hommes encourut l'inimitié d'une divinité plus puissante, et fut obligé de quitter le pays. En s'exilant, il s'arrêta dans la ville de Cholula, où, par la suite, on lui éleva un temple dont la base pyramidale subsiste encore. Parvenu au bord du golfe du Mexique, il prit congé des fidèles qui l'avaient pieusement suivi, en leur promettant que ses descendants ou lui-même reparaîtraient un jour, et se jetant dans son esquif, fait de peaux de serpent, il se dirigea vers le mystérieux pays de Tlapallan, dont on ne savait rien, sinon qu'il était à l'orient, au-delà des mers (c'est-à-dire dans la même direction que l'Europe). La fable de Quetzalcoatl était-elle une tradition, sous forme merveilleuse, de la domination des Toltèques, qui avaient apporté dans le pays les arts et les sciences et avaient disparu, ou se fondait-elle sur le récit de l'apparition, en quelque point du continent américain, de quelque enfant perdu de l'Europe, sur l'aventure de quelque navigateur que le grand courant équatorial, ou les vents alizées, ou la tempête, avaient jeté sur les rivages du golfe mexicain, ou bien indiquait-elle une connaissance nuageuse des expéditions des Scandinaves en Amérique pendant le Xe, le XIe et le XIIe siècle ?

Quoi qu'il en soit, le souvenir du bon temps de Quetzalcoatl et l'espoir de son retour étaient gravés dans les esprits. On l'attendait comme un messie. Ces populations de peaux-rouges, à la barbe claire et raccourcie, rappelaient à leurs enfants que Quetzalcoatl était haut de taille, qu'il avait la peau blanche, les cheveux noirs et une longue barbe. On ne s'y fût pas pris autrement si on avait voulu prédire l'arrivée des Espagnols.

La tradition de Quetzalcoatl n'est pas dénuée de ressemblance avec la mythologie antique ; mais les Mexicains avaient des légendes qui ressemblaient bien autrement aux récits fabuleux de la Grèce. Lorsqu'on parcourt ce qui nous en a été conservé, souvent on croirait lire les métamorphoses d'Ovide. J'en citerai comme exemple un extrait de Boturini, qui n'a point été traduit :

« Un homme nommé Yappan, désirant mériter la faveur des dieux, quitta sa femme et sa famille, se retira dans le désert pour y mener une vie chaste et contemplative, et se construisit une cabane près d'un autel de pierre consacré à la pénitence ; mais les dieux, qui doutaient de la sincérité de sa conversion, chargèrent Yaotl, son ennemi mortel, de l'observer continuellement et de leur rendre compte de toutes ses actions. Yappan résista pendant longtemps à plusieurs beautés que l'on envoya pour le tenter, de sorte que les dieux commencèrent à louer sa vertu et à railler Tlazolteotl, déesse de l'amour, de ce que Yappan ne lui était pas soumis comme les autres hommes. Celle-ci, piquée de leurs plaisanteries, finit par s'écrier : Croyez-vous donc, dieux puissants, que Yappan persévérera jusqu'au bout pour mériter la récompense que vous accordez aux hommes vertueux ? Je descendrai moi-même sur la terre pour vous montrer combien la vertu des hommes est fragile et s'ils peuvent me résister.

« La déesse s'approcha de la demeure de Yappan ; mais, comme elle le trouva assis sur l'autel de la pénitence, elle ne tarda pas à s'apercevoir qu'elle serait sans pouvoir sur lui tant qu'il n'aurait pas quitté cette retraite. Elle lui dit donc d'une voix douce : Ami Yappan, viens à moi ; je suis la déesse Tlazolteotl qui t'apporte la récompense de ta vertu. Trompé par ces paroles, le pauvre Yappan se hâta de courir au-devant d'elle ; mais à peine s'était-il éloigné de l'autel, qu'un feu nouveau circula dans ses veines, et il tomba dans le piège qui lui était tendu.

« Yaotl, qui n'avait cessé de l'observer de loin, fut si indigné de cette conduite, qu'il ne put s'empêcher de courir vers lui en s'écriant : Misérable ! n'as-tu pas honte de tromper les dieux et de profaner ainsi leur sanctuaire ? En disant ces mots, il lui abattit la tête d'un coup d'épée. Yappan tomba par terre en ouvrant les bras, et les dieux le changèrent en un scorpion couleur de cendre qui a toujours les bras ouverts. Yaolt, dont la vengeance n'était pas encore satisfaite, alla chercher Tlahuitzin, femme de celui qu'il venait d'assassiner, et lui dit, en lui montrant le corps de son époux : Vois, Tlahuitzin, la manière dont j'ai châtié celui qui a osé offenser les dieux ; mais ma vengeance ne serait pas complète, si tu ne partageais pas son sort. A ces mots, il fit rouler sa tête à côté de celle du malheureux Yappan. Tlahuitzin fut aussitôt changée en scorpion couleur de feu, et, en cherchant à se cacher sous les pierres de l'autel, elle y rencontra son époux.

« Les Mexicains prétendent que tous les scorpions descendent de ce malheureux couple, et que, par honte du péché de Yappan, ils n'osent se montrer au grand jour et se cachent sous des pierres. Quant à Yaolt, il n'échappa pas à la punition que méritait son double crime, et fut métamorphosé en sauterelle. » (Extrait d'un ouvrage intitulé : *Idea de una nueva historia de la America septentrional*, par Boturini.)

On retrouve dans les croyances du Mexique certains traits généraux communs à tous les cultes de l'ancien continent, d'où résulte entre toutes les religions une harmonie dont on ne peut se rendre compte qu'en leur supposant à toutes un berceau commun. Ainsi les Mexicains croyaient au déluge ; leur Noé, appelé Coxcox, s'était sauvé dans un navire. Ils avaient une légende qui rappelait la tour de Babel ; l'histoire de notre mère Ève et du perfide serpent avait son analogue parmi eux.

Fait plus surprenant encore, plusieurs de leurs pratiques et de leurs dogmes se rapprochaient du christianisme même ; ils avaient le dogme d'un péché originel, et ils s'en lavaient par le baptême. Ils considéraient l'espèce humaine comme jetée sur la terre par punition, et imploraient sans cesse dans leurs prières la miséricorde divine. « Quand un enfant vient au monde, dit Zurita, ses parents le saluent en lui disant : Tu es venu pour souffrir, souffre et prends patience. » Parmi les objets de leur culte figurait la croix ; le fait est constaté par vingt témoignages pour le Yucatan, qui touchait au Mexique ancien et fait partie du Mexique moderne, et il est difficile d'en douter pour le Mexique proprement dit, car on lit dans le récit du voyage de Grijalva, prédécesseur de Cortez en ces parages : « A l'île nommée Uloa (aujourd'hui Saint-Jean-d'Ulloa, citadelle de Vera-Cruz), ils adorent une croix de marbre blanc sur le haut de laquelle est une couronne d'or. Ils disent que sur cette croix il est mort quelqu'un qui est plus beau et plus resplendissant que le soleil. » Ils avaient la confession et l'absolution. Les secrets du tribunal de la pénitence, car le mot s'applique très bien ici, étaient inviolables ; mais l'on ne se confessait qu'une fois en sa vie, et par conséquent aussi tard que possible. Probablement parce que, à l'époque où les Espagnols arrivèrent, il y avait une sorte de confusion entre l'autorité politique et l'autorité religieuse, par l'ascendant que le clergé avait pris dans l'état et sur l'esprit du prince, l'absolution religieuse purifiait des crimes, même par devant le bras séculier, et longtemps après la conquête on voyait encore les Indiens poursuivis par la justice demander à être relâchés en présentant un billet de confession de leur curé. Enfin, ils avaient une cérémonie pareille au sacrement de l'eucharistie, où les prêtres distribuaient aux fidèles les fragments d'une image du dieu qu'on avalait en se prosternant, disant que c'était la chair même de la divinité.

Leurs prières attestaient des sentiments d'une charité touchante, le pardon et l'oubli des injures. « Vis en paix avec tout le monde, disait l'une des oraisons ; supporte les injures avec humilité ; laisse à Dieu qui voit tout le soin de te venger. »

Les règles de la morale privée tendaient à inspirer les meilleurs sentiments pour le prochain ; on dirait véritablement la charité chrétienne. Dans l'exhortation par laquelle se terminait la confession, le prêtre disait au fidèle : « Donne à manger à ceux qui ont faim, des habits à ceux qui sont nus, quelques privations que ce soin doive t'imposer, car la chair des malheureux est ta chair, et ils sont des hommes semblables à toi-même

Chapitre VII

DES MOEURS ET DE LA SOCIABILITE

Les mœurs n'étaient point dissolues ; elles étaient plutôt sévères. A l'exception des chefs, qui possédaient plusieurs concubines, chaque homme n'avait qu'une femme, et encore les concubines des princes étaient-elles reconnues par la loi et avaient-elles certains privilèges qui relevaient leur condition. « Quiconque regarde une femme avec trop de curiosité, enseignait-on, commet un adultère par les yeux. » C'est identiquement une parole du Christ rapportée par saint Matthieu. Le mariage était entouré de formalités protectrices ; il se célébrait avec solennité. Le divorce n'était permis que dans des cas déterminés et moyennant l'arrêt d'un tribunal spécialement institué pour résoudre les questions que le mariage pouvait soulever. L'adultère était puni de mort, et la vie du roi Nezahualpilli offre trois exemples remarquables de l'application de cette peine : l'un sur la reine même, épouse de ce prince, qui cependant n'était rien moins que la fille de l'empereur de Mexico ; la princesse et ses complices furent jugés et suppliciés suivant toutes les rigueurs du code, malgré l'élévation de leur rang ; le second, sur une dame noble qui s'était donnée à lui sans lui révéler qu'elle était en puissance de mari ; le troisième, sur son propre fils, qui avait eu une correspondance en vers avec une des concubines royales, cas prévu par la loi. Les tribunaux prononcèrent la sentence, et le père la laissa exécuter, mais il s'enferma ensuite pendant plusieurs semaines dans son palais, dévoré de douleur, sans consentir à voir personne.

La position sociale des femmes ressemblait beaucoup plus à ce que nous avons en Europe qu'aux usages de l'Asie. Elles n'étaient pas enfermées dans le harem comme chez les mahométans, on ne leur mutilait point les pieds comme en Chine. Elles allaient le visage découvert, étaient admises aux fêtes et s'asseyaient aux banquets. Nous avons telle province, en France, au XIXe siècle, où parmi les paysans, la femme ne prend pas part aux festins et ne s'en mêle que pour servir humblement les seigneurs de la création. Les femmes mexicaines étaient exemptes des travaux de force, que les hommes se réservaient par une délicatesse qui serait bonne encore à enseigner sur la surface de l'Europe occidentale, et que, parmi les peuples civilisés, les Anglais seuls savent fidèlement et scrupuleusement observer. Au Mexique, en cela les choses n'étaient certes pas au même point que dans l'Angleterre moderne ; mais l'intention subsistait. Il est peu de signes auxquels on puisse aussi sûrement reconnaître l'avancement de la civilisation. Chez les sauvages, la femme est une bête de somme ; il n'est au monde condition pire que celle des *squaws* des tribus de l'Amérique du Nord, sur toute l'étendue des États-Unis. Combien de fois dans nos Pyrénées, voyant des femmes gravir les pentes les plus rapides avec une charge de fumier sur les épaules, ou descendre des plateaux les plus élevés sous un faix de foin ou de gerbes de blé, je me suis pris à souhaiter qu'il n'y eût pas par-là à ce moment quelqu'un des Anglais qui pendant l'été viennent chercher le soleil dans ces vallées charmantes et y apportent en échange leurs guinées. Un gage certain de la position faite aux femmes par la civilisation mexicaine, c'est qu'elles participaient aux fonctions sacerdotales. Il y avait des prêtresses mexicaines aussi bien que des prêtres, et une sorte de parallélisme entre les attributions des prêtres et celles des prêtresses ; mais le sacrifice, et on verra tout-à-l'heure en quoi il consistait, était réservé aux prêtres et même aux seuls dignitaires du clergé. La pureté des prêtresses mexicaines a été certifiée par les missionnaires espagnols, qui cependant n'ont pas assez d'anathèmes pour la religion des Aztèques, où ils voient à tout instant les ruses du malin esprit et l'empreinte du pied fourchu.

On acquiert la connaissance personnelle, intime, d'une civilisation en examinant les règles de conduite et de convenance, les formes de la décence et de la civilité, ce qui enfin dirige chacun dans les actes habituels de la vie. Or, on a le moyen d'apprécier de ce côté la société mexicaine. Les instructions minutieuses d'un père à son fils, d'une mère à sa fille, dans chacune des classes, ont été conservées heureusement, et Zurita les a reproduites. Je citerai ici tout au long les avis des parents de la classe moyenne, ou, pour employer les expressions de Zurita lui-même, des habitants des villes, des marchands et des artisans. C'est à la fois un recueil de préceptes moraux et un code abrégé de ce qu'on peut appeler la *civilité puérile et honnête*.

Conseils d'un Père à son Fils.

« O mon fils très cher, créé par la volonté de Dieu, sous les yeux de tes père et mère et de tes parents, comme un poussin qui sort de sa coquille, s'essaie à voler, tu t'essaies à la peine. Nous ignorons jusqu'à quand Dieu nous permettra de jouir de toi ; supplie-le, mon fils, de te protéger, car il t'a créé ; c'est ton père, il t'aime mieux que moi. Adresse-lui tes soupirs nuit et jour, qu'il soit l'objet de tes pensées, sers-le avec amour, il te sera miséricordieux et te délivrera de tout danger. Respecte l'image de Dieu et tout ce qui a rapport à lui. Prie-le dévotement, observe les fêtes religieuses ; celui qui offense Dieu mourra misérable, et ce sera sa faute.

« Honore et salue les vieillards, console les pauvres et les affligés par tes discours et par tes bonnes œuvres.

« Révère, aime, sers tes père et mère, obéis-leur, car le fils qui ne se conduit pas ainsi s'en repentira.

« Aime et honore tout le monde, et tu vivras en paix.

« N'imite pas les insensés qui ne respectent ni père, ni mère, et qui, semblables aux animaux, n'écoutent les conseils de personne.

« Fais bien attention, mon fils, de ne pas te moquer des vieillards, des malades, des estropiés, ni des pécheurs. Ne sois pas superbe à leur égard, ne les hais pas, mais humilie-toi devant le Seigneur, et crains d'être aussi malheureux qu'eux.

« N'empoisonne personne, car tu offenserais Dieu dans sa créature, ton crime se découvrirait, tu en porterais la peine, et tu mourrais de la même mort.

« Sois probe, poli, et ne cause de la peine à personne.

« Ne te mêle pas des affaires où tu n'es pas appelé, dans la crainte de déplaire et de passer pour un indiscret.

Ne blesse personne, évite l'adultère et la luxure : c'est un vilain vice qui cause la perte de celui qui s'y livre, et qui offense Dieu.

« Ne donne pas de mauvais exemples.

« Sois modeste en tes discours ; n'interromps pas les personnes qui parlent, ne les trouble pas ; si elles s'expriment mal, si elles se trompent, contente-toi de ne pas les imiter. Garde le silence quand ce n'est pas à toi de parler, et si l'on t'interroge, réponds ouvertement, sans passion et sans mensonge. Ménage les intérêts des autres, et l'on fera cas de tes discours. Si tu évites, ô mon fils, de rapporter des contes, de répéter des plaisanteries, tu éviteras de mentir et de semer la discorde, ce qui est un sujet de confusion pour celui qui le fait.

« Ne sois pas un batteur de pavés, ne rôde pas dans les rues, ne perds pas ton temps dans les marchés ou dans les bains, de crainte que le démon ne te tente et ne fasse de toi sa victime.

« Ne sois pas affecté ou trop recherché dans ta mise, car c'est un indice de peu de jugement.

« Dans quelque endroit que tu te trouves, que ton regard soit modeste ; ne fais pas de grimaces, évite les gestes déshonnêtes ; tu passerais pour un libertin, et ce sont des pièges du démon. Ne prends personne par la main ou par ses habits, ce qui est le signe d'un esprit indiscret. Fais bien attention, quand tu marches, de ne pas barrer le passage à qui que ce soit.

« Si l'on te prie de te charger d'une affaire, et que ce soit pour te tenter, excuse-toi honnêtement de le faire, bien que tu puisses en retirer quelque avantage, et tu seras tenu pour un homme sage et prudent.

« N'entre pas ou ne sors pas avant tes supérieurs ; évite de prendre le pas sur eux, laisse-leur toujours la place d'honneur, et ne cherche à l'emporter sur personne, à moins que tu ne sois élevé en dignité, car tu serais regardé comme un grossier. Sois modeste ; l'humilité nous mérite la grâce de Dieu et des puissants.

« Ne te hâte pas trop en mangeant ou en buvant, et, si tu es à table, offre à celui qui se présentera à toi dans le besoin de prendre part à ton repas ; tu en seras récompensé. Si tu manges en compagnie, que ce soit sans avidité et sans gloutonnerie, tu passerais pour un gourmand. Prends tes repas la tête baissée, et de manière à ne pas finir avant les autres, de peur de les offenser.

« Si l'on te fait un présent, quelque faible qu'il soit, ne le dédaigne pas, et ne pense pas mériter davantage, car tu n'y gagnerais pas devant Dieu ni devant les hommes.

« Confie-toi entièrement au Seigneur, c'est de lui que te viendra le bien, et tu ne sais pas quand tu peux mourir.

« Je me charge de te procurer ce qui te convient, souffre et attends patiemment. Si tu veux te marier, dis-le-moi ; et puisque tu es notre enfant, n'entreprends pas de le faire avant de nous en avoir parlé.

« Ne sois ni joueur ni voleur, car un de ces défauts occasionne l'autre, et c'est très honteux. Si tu évites de l'être, tu ne seras pas diffamé dans les places publiques et dans les marchés.

« Suis toujours le bon parti, ô mon fils. Sème, et tu récolteras ; tu vivras de ton travail, et conséquemment tu seras satisfait et chéri de tes parents.

« On ne vit dans ce monde qu'avec bien de la peine, on ne se procure pas facilement le nécessaire. J'ai eu bien du mal à t'élever, et pourtant jamais je ne t'ai abandonné et je n'ai rien fait dont tu puisses rougir.

« Si tu veux vivre tranquille, évite de médire, car la médisance occasionne des querelles.

« Tiens secret ce que tu entends dire ; qu'on l'apprenne plutôt par d'autres que par toi, et si tu ne peux t'empêcher de le dire, parle franchement sans rien cacher, quand même tu croirais bien faire.

« Ne raconte pas ce dont tu as été témoin. Sois discret, car c'est un vilain vice que d'être bavard, et si tu mens, tu seras certainement puni. Garde le silence, on ne gagne rien à parler.

« Si l'on t'envoie en message près de quelqu'un qui t'accueille durement, qui parle mal de celui qui t'a envoyé, ne rapporte pas cette réponse donnée de mauvaise humeur, et ne laisse pas entendre qu'on te l'a faite. Si l'on te demande comment tu as été reçu, réponds tranquillement, en termes doux ; cache-le mal que l'on t'a dit, dans la crainte d'irriter les deux parties, qu'on ne se blesse ou qu'on ne se tue, et que plus tard tu ne dises tristement : *Ah ! si je ne l'avais pas dit* ! mais il sera trop tard, et tu passeras pour un brouillon, sans que tu aies d'excuse.

« N'aie aucun rapport avec la femme d'un autre, vis chastement, car on n'existe pas deux fois dans ce monde, la vie est courte, difficile, et tout a un terme.

« N'offense personne, n'attente pas à son honneur, rends-toi digne des récompenses que Dieu accorde à chacun comme il lui plaît, reçois ce qu'il te donnera, remercie-le, et si c'est beaucoup, ne t'enorgueillis pas. Humilie-toi, ton mérite n'en sera que plus grand, et les autres n'auront pas occasion de murmurer ; mais au contraire, si tu t'attribues ce qui ne t'appartient pas, tu recevras des affronts et tu offenseras Dieu.

« Lorsque quelqu'un te parle, ne remue ni les pieds ni les mains, ne regarde pas à droite et à gauche, évite de te lever ou de t'asseoir si tu es debout ; tu passerais pour un étourdi et un impoli.

« Si tu es au service de quelqu'un, aie soin de te rendre utile avec zèle et de lui être agréable ; tu ne manqueras pas du nécessaire, et tu seras bien traité partout : si tu fais le contraire, tu ne pourras rester chef personne.

« Mon fils, si tu refuses d'écouter les conseils de ton père, tu feras une mauvaise fin, et ce sera ta faute.

« Ne sois pas orgueilleux de ce que Dieu t'a donné et ne méprise pas les autres ; tu offenserais le Seigneur, qui t'a placé dans une position honorable.

« Si tu es ce que tu dois être, on te citera aux autres pour modèle quand on voudra qu'ils se corrigent.

« Voici, ô mon fils ! les conseils que te donne un père qui te chérit ; observe-les, et tu t'en trouveras bien. »

Conseils d'une Mère à sa Fille

« Ma fille, je t'ai mise au monde, je t'ai élevée et nourrie comme il faut ; l'honneur de ton père a rejailli sur toi ; si tu ne fais pas ton devoir, tu ne pourras pas vivre avec les femmes vertueuses, et personne ne voudra de toi pour épouse.

« L'on ne vit dans ce monde qu'avec beaucoup de peine et de travail, les forces s'épuisent ; il faut donc servir Dieu pour qu'il nous aide ; nous soutienne et nous accorde la santé. Il faut être active et soigneuse pour acquérir le nécessaire.

« Ma fille chérie, évite la paresse et la négligence, sois propre et laborieuse, soigne ton ménage, fais-y régner l'ordre, que chaque chose soit à sa place : voilà comme tu apprendras à faire ton devoir quand tu seras mariée.

« Dans quelque endroit que tu ailles, respecte la pudeur ; ne marche pas trop vite ni en riant ou en regardant çà et là les hommes qui passent près de toi ; ne regarde que ton chemin : c'est ainsi que tu acquerras la réputation d'une honnête femme.

« Aie bien soin d'être polie, de parler convenablement ; et quand on t'interroge, que tes réponses soient courtes et claires.

« Soigne ta maison, fais de la toile, travaille ; tu seras aimée, tu mériteras d'avoir le nécessaire pour vivre et te vêtir, tu seras heureuse, et tu remercieras

Dieu de ce qu'il t'a donné les talents nécessaires pour cela.

« Ne te laisse pas aller au sommeil ni à la paresse, n'aime pas trop à rester au lit, à l'ombre ou au frais, car tu deviendrais nonchalante, libertine, et tu ne pourrais vivre avec honneur et convenablement. Les femmes qui se livrent au libertinage ne sont ni recherchées ni aimées.

« Que tu sois assise ou levée, que tu marches ou que tu travailles, que tes pensées et tes actions, ma fille, soient toujours louables. Remplis ton devoir, afin d'obéir à Dieu et à tes parents.

« Ne te fais pas appeler deux fois, viens tout de suite pour voir ce que l'on désire, afin que l'on n'ait pas le chagrin de punir ta paresse et ta désobéissance.

« Écoute bien les ordres que l'on te donne, ne réponds pas mal ; et si tu ne peux pas faire ce que l'on t'ordonne sans manquer à l'honneur, excuse-toi poliment, mais ne mens pas et ne trompe personne, car Dieu te voit.

« Si tu entends appeler une autre personne et qu'elle n'arrive pas aussitôt, hâte-toi d'aller voir ce que l'on désire ; fais ce que l'on voulait qu'elle fît, et tu seras aimée.

« Si l'on te donne un bon avis, profites-en, ne le méprise pas, de crainte de te faire mésestimer.

« Que ta démarche ne soit trop hâtée ni déshonnête ; tu passerais pour une femme légère.

« Sois charitable, n'aie de haine ni de mépris pour personne, évite l'avarice, n'interprète rien en mauvaise part, et ne sois pas jalouse du bien que Dieu accorde à d'autres.

« Ne fais pas de tort à autrui dans la crainte qu'on ne t'en fasse à toi-même ; évite le mal ; ne suis pas les penchants de ton cœur, tu pourrais te tromper, tomber dans le vice, et tu ferais ta honte et celle de tes parents.

« Évite la société des menteuses, des paresseuses, des commères et des femmes de mauvaises mœurs ; elles te perdraient.

« Occupe-toi de ton ménage, ne sors pas de chez toi pour te divertir, ne perds pas ton temps au marché, dans les places et les bains publics ; c'est très mal, et c'est ainsi que l'on se perd, que l'on se ruine et que l'on devient vicieuse, car on y nourrit de mauvaises pensées.

« Lorsqu'un homme cherche à t'adresser la parole, ne l'écoute pas, ne le regarde pas, garde le silence, et ne fais pas attention à lui ; s'il te suit, ne lui réponds pas, dans la crainte que tes paroles n'excitent sa passion. Si tu ne fais pas attention à lui, il cessera de te suivre.

« N'entre pas chez les autres sans besoin, pour éviter que l'on ne jase sur ton compte.

« Si tu vas voir tes parents, témoigne-leur tes respects ; ne sois pas paresseuse, prends part au travail qui est en train si tu le peux, et ne reste pas à regarder celles qui travaillent.

« Si tes parents te choisissent un époux, tu dois l'aimer, l'écouter, lui obéir, faire avec plaisir ce qu'il te dit, ne pas détourner la tête lorsqu'il te parle ; et s'il te disait quelque chose de désobligeant, cherche à surmonter ton chagrin. S'il vit de ton bien, ne le méprise pas pour cela. Ne sois ni bourrue, ni incivile, car tu offenserais Dieu, et ton mari s'irriterait contre toi ; dis-lui avec douceur ce que tu crois convenable. Ne lui tiens pas de discours offensants devant les autres et même étant seule, car c'est toi qui en porterais la honte et le mépris.

« Si quelqu'un vient rendre visite à ton mari, reçois-le bien et fais-lui quelque amitié.

« Si ton mari ne se conduit pas convenablement, donne-lui des avis sur la manière de se conduire, et dis-lui d'avoir soin de sa maison.

« Sois attentive à ce que l'on travaille à tes terres, aie soin des récoltes et ne néglige rien.

« Ne prodigue pas ton bien, aide ton mari dans ses travaux ; de cette façon, tu ne manqueras pas du nécessaire et tu pourvoiras à l'éducation de tes enfants.

« Ma fille, si tu suis mes avis, tu seras aimée et estimée de tous. En te les donnant, je remplis mon devoir de mère ; en les suivant, tu vivras heureuse. S'il en est autrement, ce sera de ta faute ; tu verras plus tard ce qui t'arrivera de ne m'avoir pas écoutée, et l'on ne pourra pas dire que j'ai négligé de te donner les conseils que je te devais comme mère. »

Dans le discours d'un père à son fils, et plus encore dans celui d'une mère à sa fille, il n'est pas un mot que, dans notre civilisation du XIXe siècle, des parents ne crussent à propos de dire à leurs enfants, et, circonstance plus remarquable encore, ce qu'il y aurait à y ajouter se réduirait à peu de chose.

Chapitre VIII

SACRIFICES HUMAINS

À en juger par les sentiments que propageait la religion des Aztèques, par les pratiques qu'elle recommandait aux hommes dans leurs rapports mutuels, par les idées morales qui étaient accréditées, parmi eux comme règles de conduite individuelle, c'était un peuple sage et bienveillant, et Mexico aurait pu prétendre, avant Philadelphie, au nom chrétien de *ville de l'amour fraternel*. Mais, ô fragilité de notre nature, ô contradiction du cœur humain ! ces sentiments et ces pratiques charitables, cette bienveillance et cette équité, ces ménagements pour les femmes, qu'on regarde avec raison comme la preuve la plus concluante de la douceur des mœurs et de la culture sociale, se combinaient, par une affreuse sophistication, avec les sacrifices humains, avec des festins de cannibales. On sacrifiait des hommes en grand nombre sur les autels des dieux, et on dévorait solennellement les corps des victimes ; c'étaient les banquets du plus grand apparat, ceux où l'on réunissait le plus de délices. Ils avaient, avons-nous dit, un sacrement qu'on pourrait appeler leur eucharistie ; le pain qui y servait était pétri avec du sang ! L'esprit demeure confondu quand on voit que ces exécrables cérémonies n'étaient point parmi les Mexicains un legs de la barbarie, transmis de génération en génération, et que des fils civilisés maintenaient par un stupide respect pour de grossiers ancêtres. Il y aurait de quoi changer en un scepticisme amer la foi en la perfectibilité humaine, dont pourtant s'alimentent avec prédilection les âmes généreuses. C'était en pleine voie de civilisation que l'idée de ces horreurs était venue aux Aztèques. Plus ils avançaient, plus grandissaient leurs arts, et plus ils semblaient se passionner pour ces pratiques féroces. On dirait qu'ils étaient fascinés par un génie infernal, et on conçoit que les Espagnols aient été persuadés qu'ils avaient des communications directes et intimes avec Satan.

Citons quelques lignes de M. de Humboldt sur l'origine des sacrifices humains au Mexique :

« Depuis le commencement du XIVe siècle, les Aztèques vivaient sous la domination du roi de Colhuacan ; c'étaient eux qui avaient contribué le plus à la victoire que ce roi avait remportée sur les Xochimilques. La guerre finie, ils voulurent offrir un sacrifice à leur dieu principal, Huitzilopochtli ou Mexitli (dieu de la guerre), dont l'image en bois, placée dans une chaise de roseaux, appelée *siège de Dieu*, était portée sur les épaules de quatre prêtres ; ils demandèrent à leur maître, le roi de Colhuacan, de leur donner quelques objets de prix pour rendre le sacrifice plus solennel. Le roi leur envoya un oiseau mort, enveloppé dans une toile de tissu grossier. Pour ajouter la dérision à l'insulte, il leur proposa d'assister lui-même à la fête. Les Aztèques feignirent d'être contents de cette offre ; mais ils résolurent en même temps de faire un sacrifice qui inspirât de la terreur à leurs maîtres. Après une longue danse autour de l'idole, ils amenèrent quatre prisonniers xochimilques qu'ils avaient tenus cachés depuis longtemps. Ces malheureux furent immolés avec les cérémonies observées encore lors de la conquête des Espagnols, sur la plate-forme de la grande pyramide de Tenochtitlan, qui était dédiée à ce même dieu de la guerre Huitzilopochtli. Les Colhues marquèrent une juste horreur pour ce sacrifice humain, le premier qui eût été fait dans leur pays : craignant la férocité de leurs esclaves, les voyant enorgueillis du succès obtenu dans la guerre contre les Xochimilques, ils rendirent la liberté aux Aztèques, en leur enjoignant de quitter le territoire de Colhuacan.

« Le premier sacrifice avait eu des suites heureuses pour le peuple opprimé ; bientôt la vengeance donna lieu au second. Après la fondation de Tenochtitlan, un Aztèque parcourt le rivage du lac pour tuer quelque animal qu'il puisse offrir au dieu Mexitli ; il rencontre un habitant de Colhuacan appelé Xomimitl. Irrité contre ses anciens maîtres, l'Aztèque attaque le Colhua corps à corps : Xomimitl vaincu est conduit à la nouvelle ville ; il expire sur la pierre fatale placée aux pieds de l'idole.

« Les circonstances du troisième sacrifice sont plus tragiques encore. La paix s'est rétablie en apparence entre les Aztèques et les habitants de Colhuacan. Cependant les prêtres de Mexitli ne peuvent contenir leur haine contre un peuple voisin qui les a fait gémir dans l'esclavage ; ils méditent une vengeance atroce ; ils engagent le roi de Colhuacan à leur confier sa fille unique pour être élevée dans le temple de Mexitli, et pour y être, après sa mort, adorée comme la mère de ce dieu protecteur des Aztèques ; ils ajoutent que c'est l'idole même qui déclare sa volonté par leur bouche. Le roi crédule accompagne sa fille ; il l'introduit dans l'enceinte ténébreuse du temple : là, les prêtres séparent la fille et le père ; un tumulte se fait entendre dans le sanctuaire ; le malheureux roi ne distingue pas les gémissements de sa fille expirante ; on met un encensoir dans sa main, et, quelques moments après, on lui ordonne d'allumer le copal. A la pâle lueur de la flamme qui s'élève, il reconnaît son enfant attachée à un poteau, la poitrine ensanglantée, sans mouvement et sans vie. Le désespoir le prive de l'usage de ses sens pour le reste de ses jours. Il ne peut se venger, et les Colhues n'osent pas se mesurer avec un peuple qui se fait craindre par de tels excès de barbarie. La fille immolée est placée parmi les divinités aztèques, sous le nom de *Tetcionan, mère des dieux*, ou *Tocitzin, notre grand'mère*, déesse qu'il ne faut pas confondre avec Ève, ou *la femme au serpent*, appelée *Tonantzin*.

Bientôt ils mangèrent solennellement les corps des victimes.

Quels que fussent les incidents à l'occasion desquels les sacrifices humains avaient commencé chez les Aztèques, cet usage abominable dérivait non d'une férocité bestiale, mais d'une croyance religieuse. Les Mexicains regardaient le séjour de l'homme ici-bas comme une expiation et une épreuve ; tout montre dans leur religion qu'ils croyaient que, sur la terre, *tous les êtres gémissent,* pour me servir de l'expression de saint Paul, et ont besoin d'être rachetés. Ils étaient persuadés que la Divinité s'apaise par le sang. Le sang, pensaient-ils, concilie les dieux ou détourne leur colère. C'est ainsi qu'ils arrivèrent à maintenir et à étendre, comme une cérémonie religieuse, ce qui avait pu d'abord n'être qu'un sanguinaire avertissement ou une horrible vengeance contre le roi de Colhuacan. Solis, dans *la Conquête, du Mexique,* place textuellement cette explication des sacrifices humains dans la bouche d'un cacique vénéré de Tlascala, Magiscatzin (le même que M. Prescott nomme Maxixca). Dans un entretien avec Cortez, ce chef lui dit que ses compatriotes ne pouvaient *se former l'idée d'un véritable sacrifice, à moins qu'un homme ne mourût pour le salut des autres.*

L'idée religieuse des Mexicains, au sujet de la vertu du sang répandu sur les autels, leur était commune avec toute l'antiquité. Tous les peuples sans exception, sauvages et civilisés, avant la venue du Christ, ont cherché la rédemption par le sang, parce que le sang, source de la vie, leur a paru l'offrande la plus agréable aux dieux courroucés. Partout et toujours, jusqu'au christianisme, le sang des hommes a coulé pour honorer les dieux, malgré les protestations de la raison et du sentiment humain, qui pourtant, chez les anciens, avaient fait remplacer, dans la plupart des circonstances, mais non pas dans toutes, nos semblables par des animaux. Pour Moïse, on a remarqué qu'il « n'y a pas une des cérémonies prescrites par ce législateur, pas une purification, même physique, qui n'exige du sang. » Le christianisme même, qui a mis fin à l'effusion du sang sur les autels, s'est conformé à ce que de Maistre appelle la *doctrine de la substitution* ou de la réversibilité des douleurs de l'innocence au profit des coupables. Les péchés de nos pères et les nôtres y sont lavés par le sang. Pour être absous de son antique chute, le monde a dû recevoir un bain de sang. Les plus savants docteurs de l'église l'ont entendu ainsi : « Dans l'immolation du Calvaire, *l'autel était à Jérusalem, mais le sang de la victime baigna l'univers*, » a dit Origène, qui, en cela, n'a pas voulu faire une simple métaphore, mais a eu l'intention d'énoncer un fait mystérieusement accompli. Cette fois, il est vrai, c'est le sang de Dieu lui-même qui dispense d'une autre *hostie*, et désormais les temples sont purifiés de tout sang terrestre. On peut remarquer même que le sacrifice rédempteur n'est pas fait une fois pour toutes, et qu'il se perpétue, car la messe n'est pas une simple commémoration, et le sang du Christ y est offert tous les jours.

On comprend ainsi que de Maistre ait dit, non sans le motiver longuement, que les sacrifices humains du Mexique et des peuples anciens ou modernes, étrangers au christianisme, avaient leur origine dans la conscience universelle du genre humain, et provenaient d'une vérité tombée à l'état de *putréfaction*.

C'est de même une cause religieuse qui seule peut rendre pleinement compte de l'excessive rigueur du code pénal des Mexicains, car la pensée de retenir les hommes par la terreur n'en serait pas à elle seule une explication suffisante. Les Mexicains pensaient, ainsi que les druides au rapport de César, que le supplice des coupables était fort agréable à la Divinité.

Il faut dire, à la décharge de ces populations, que les sacrifices humains ne furent pas adoptés parmi les différentes nations du Mexique sans beaucoup de résistance. Les autres peuplades eurent d'abord horreur des Aztèques. Plus tard, le grand roi

Nezahualcoyotl combattit longtemps chez ses propres sujets le penchant qui leur avait fait adopter ces boucheries, à l'image et à l'instigation des gens de Tenochtitlan, et il espéra les ramener au culte pur des Toltèques. Cependant, comme il ne pouvait avoir d'enfants de l'épouse qu'il avait ravie au vieux seigneur de Tepechpan, les prêtres lui remontrèrent que c'était l'effet de la colère des dieux, indignés de ce que le sang ne fumait plus sur les autels, et à la fin il céda : de nouveau le sang des hommes fut offert aux dieux ; mais le fils qu'il attendait ne vint pas davantage, et il s'écria : « Ces idoles de bois et de pierre sont incapables de rien entendre ni de rien sentir. Il n'est pas possible que ce soient là les auteurs du ciel et de la terre, et de l'homme roi de la création. Il y a un Dieu plus puissant, invisible, ignoré, qui est le créateur de toutes choses ; lui seul peut me consoler dans mon affliction et me soutenir dans les cruelles angoisses que j'éprouve. » Il se retira dans ses jardins de Tezcotzingo, y passa quarante jours dans le jeûne et la prière, offrant aux dieux l'encens du copal, et faisant brûler sur les autels des herbes aromatiques. Ses vœux furent exaucés. Alors, revenant ouvertement à son antipathie contre les sanglantes superstitions du pays, il érigea le temple dont nous avons parlé, qui était sous la consécration du *Dieu inconnu, la cause des causes*, et il interdit les sacrifices humains, défendant même de répandre dans le temple le sang des animaux. Après sa mort, qui eut lieu vers 1470, un demi-siècle avant la conquête, les temples du royaume de Tezcuco s'ensanglantèrent de nouveau et rivalisèrent avec ceux des Aztèques.

M. Prescott, qui a peu de goût pour les discussions théologiques, a assigné aux sacrifices sanglants des Mexicains des motifs purement *humains*. J'ai indiqué tout à l'heure, d'après le témoignage même des contemporains et des auteurs de la conquête, ce que j'en crois être la cause supérieure. Toutefois l'observation de M. Prescott subsiste. Tous les actes des hommes, il faut le reconnaître, ont un mobile *humain*. La politique des empereurs et l'esprit de domination des prêtres s'accommodaient de ces fêtes horribles. Tous les pouvoirs de la terre aiment à inspirer la crainte : ils ne sauraient s'en passer, la crainte crée l'obéissance, qui est dans les nécessités premières des gouvernements comme des sociétés ; mais ils tendent à dépasser la proportion dans laquelle le jeu de ce ressort est avantageux, et souvent, en place de la crainte voisine du respect, ils vont aux confins de la terreur, s'ils ne les franchissent pas. C'est ce qu'on voit presque partout en dehors de la civilisation européenne, et ce dont souvent cette civilisation elle-même a offert le spectacle dans son propre sein. Ces exécrables sacrifices, chez les Aztèques, n'étaient donc pas seulement conformes à une croyance religieuse qui était sincère, tout le fait supposer, chez les princes et les prêtres ; les uns et les autres en outre les jugeaient utiles à l'affermissement de leur autorité. Comme on l'a remarqué au sujet des spectacles de gladiateurs chez les Romains, la vue du sang entretenait chez les populations l'énergie militaire, et contrebalançait l'influence du progrès des arts et du raffinement des mœurs, qui tendait à les amollir. Ainsi, l'empereur aztèque avait plus de chances d'avoir une bonne armée pour maintenir sous sa loi les peuples qu'il avait conquis. Soit par l'effet de penchants superstitieux, soit par un épouvantable calcul, à mesure que l'empire s'agrandit les sacrifices humains se multiplièrent. Jamais il n'y avait eu autant de sacrifices humains que sous le dernier Montezuma, et ce prince augmentait sans cesse le nombre des victimes. Les compagnons de Cortez eurent la patience et le courage de compter les crânes disposés en trophées dans les enceintes de quelques-uns des temples ; ils en trouvèrent une fois 136,000. L'estimation la plus modérée est qu'à l'arrivée des Espagnols, tous les ans 20,000 personnes étaient immolées. Lors des l'inauguration du grand temple du dieu Huitzilopotchli, à Mexico, en 1486, trente-trois ans avant la conquête, 70,000 victimes, ramassées pendant plusieurs années dans toutes les parties de l'empire, furent égorgées une à une. La boucherie dura plusieurs jours sans relâche ; la procession de ces malheureux occupait deux milles de long.

Les victimes étaient les criminels, les rebelles ; quand une ville avait manqué à sa fidélité envers le souverain, on la taxait à un certain nombre de personnes, hommes, femmes et enfants. Mais c'était la guerre qui contribuait le plus à alimenter les autels. Dans un entretien avec Cortez, l'empereur interrogé par le *conquistador* sur le motif qu'il pouvait avoir eu pour ne pas en finir avec les Tlascaltèques qui refusaient de reconnaître sa suzeraineté, répondit qu'en cessant la guerre avec eux, on eût été embarrassé pour se procurer des victimes en nombre suffisant pour honorer les dieux.

Cependant tout captif n'était pas pour cela même inexorablement voué au sacrifice. Les Mexicains tenaient la bravoure en grande considération, et ils offraient aux plus braves des prisonniers une chance de salut :

« Il existait au milieu de toutes les places de la ville des constructions circulaires en chaux et en pierres de taille, de la hauteur de huit pieds environ, On y montait par des gradins ; au sommet était une plate-forme ronde comme un disque, et au milieu une pierre ronde scellée, ayant un trou au centre. Après certaines cérémonies, le chef prisonnier montait sur cette plate-forme ; on l'attachait par le pied à la pierre du milieu, au moyen d'une petite corde ; on lui donnait une épée, une rondache, et celui qui l'avait pris venait le combattre ; s'il était de nouveau vainqueur, on le regardait comme un homme d'une bravoure à toute épreuve, et il recevait un signe en témoignage de la vaillance qu'il avait montrée. Si le prisonnier remportait la victoire sur son adversaire et sur six autres combattants, de sorte qu'il restât vainqueur de sept en tout, il était délivré, et on lui rendait tout ce qu'il avait perdu pendant la guerre. Il arriva un jour que le souverain d'un état, nommé *Huecicingua* (Huexotzingo),
combattant avec celui d'une autre ville, nommé

Tula, le chef de Tula s'avança tellement au milieu des ennemis, que les siens ne purent le rejoindre. Il fit des prouesses admirables, mais les ennemis le chargèrent avec tant de vigueur, qu'ils le prirent et le conduisirent chez eux. Ils célébrèrent leur fête accoutumée, le placèrent sur la plate-forme, et sept hommes combattirent contre lui. Tous succombèrent l'un après l'autre, quoique le captif fût attaché suivant l'usage. Les habitants de Huexotzingo, ayant vu ce qui s'était passé, pensèrent que s'ils le mettaient en liberté, cet homme, étant si brave, n'aurait point de repos jusqu'à ce qu'il les eût tous détruits. Ils prirent donc la résolution de le tuer. Cette action leur attira le mépris de toute la contrée ; ils furent regardés comme des gens sans loyauté et des traîtres, pour avoir violé dans la personne de ce seigneur l'usage établi en faveur de tous les chefs. »

Provenant de nations dont les croyances étaient les mêmes, les victimes subissaient leur sort sans se plaindre. Les populations les regardaient comme des messagers députés vers la Divinité, qui les accueillait favorablement pour avoir souffert en son honneur. Elles les priaient de se charger de leurs réclamations près des dieux, de leur rappeler leurs affaires.

Chacun leur confiait ses vœux en leur disant : « Puisque tu vas retrouver mon Dieu, fais-lui savoir mes besoins afin qu'il y satisfasse. » On les parait, on leur faisait des présents avant l'immolation. Il y avait au temple une fête mêlée de danses auxquelles le captif prenait part, et au moment suprême, on lui disait le message le plus important qu'il eût à remplir près des dieux.

Dans les conquêtes des Mexicains, on rencontre, même à côté des réserves faites pour les autels des dieux, de nombreux traits de clémence. Le récit des agrandissements successifs de l'empire aztèque, par Tezozomoc, que M. Ternaux a récemment publié, montre que ce n'étaient point des vainqueurs impitoyables. Ils donnaient à leur générosité quelquefois des formes étrangement naïves, comme ont pu le faire souvent les barbares envahisseurs de l'empire romain ou les chefs de bandes du moyen-âge. J'emprunte un exemple à ces annales de Tezozomoc : il s'agit de la conduite de l'empereur Axayacatl, père de Montezuma, après l'assaut de la ville de Tlatelolco, envers les vieillards, les femmes et les enfants. Les guerriers de Tiatelolco avaient affecté beaucoup d'arrogance.

« Axayacatl et les principaux chefs mexicains allèrent alors chercher les vieillards, les femmes et les enfants qui s'étaient cachés au milieu des roseaux, et dont une partie s'était enfoncée dans les marécages jusqu'à la ceinture, quelques-uns même jusqu'au menton, et leur dirent : « Femmes, avant de sortir de l'eau, il faut, pour nous montrer votre respect, que vous imitiez le cri des dindons et des autres oiseaux du lac. » Les vieilles femmes se mirent alors à crier comme des dindons, et les jeunes comme les oiseaux que l'on appelle cuachil ou yacatzintli, de sorte qu'elles firent un tel bruit, que l'on eût dit que le marais était réellement rempli d'oiseaux. Axayacatl leur permit ensuite de sortir du lac, et les remit en liberté. »

A côté de ces sacrifices, dans la religion même des Mexicains on trouve des traits qui annoncent un sentiment profond d'humanité. Ainsi leur conception de la vie future leur faisait admettre trois états qu'on pourrait comparer à ce que nous appelons le paradis, le purgatoire, l'enfer ; mais leur enfer se distinguait par l'absence de tortures physiques. C'était une peine morale qui y était infligée ; les damnés étaient livrés à leurs remords au sein de ténèbres éternelles, et le même peuple qui avait cette notion élevée, purifiée de l'autre vie, se livrait, sur la plus grande échelle, au nom de la religion, à des exécutions matérielles, sous la forme la plus hideuse. Le bûcher que d'autres religions ont employé cache au moins la victime dans des flots de fumée. Ici l'offrande était une effusion de sang ; le sang était répandu, étalé, on en faisait parade à la face du soleil, sous les regards attentifs d'une foule immense. Conduite par les prêtres processionnellement à pas lents, au son de la musique et au milieu des chants du rituel, la victime gravissait une pyramide qui formait le temple, et dont on faisait le tour à chacune des trois ou quatre terrasses qui la partageaient en étages. La pierre du sacrifice était tout en haut, en plein air, entre les deux autels où brûlait, nuit et jour, le feu sacré, devant le sanctuaire en forme de tour élancée qui recélait l'image du dieu. Le peuple assemblé au loin contemplait, dans un profond silence, sans perdre aucun détail. La victime enfin, après des prières, était étendue sur la pierre fatale. Le sacrificateur, quittant la robe noire flottante dont il était ordinairement vêtu, pour un manteau rouge, s'approchait armé du couteau d'itzli, lui ouvrait la poitrine, en retirait le cœur fumant, barbouillait de sang les images des dieux, versait le sang autour de lui, ou en faisait, avec de la farine de maïs, une horrible pâtée. Voilà ce qui s'alliait pourtant avec la passion des fleurs, avec les idées les plus pures ; voilà ce dont on venait repaître ses yeux cinquante fois par an, après s'être, la veille ou le matin, doucement balancé dans une atmosphère embaumée, au milieu d'une végétation riante, sur les eaux du lac, à bord des féeriques chinampas !

Diverses circonstances redoublent la stupeur que causent de telles pratiques de la part de ces peuples et forcent d'admettre qu'elles procédaient, comme nous l'avons dit, de la doctrine d'expiation interprétée par une atroce frayeur : la peur est féroce mille fois plus que le courage. A côté de ces cérémonies de sang, le culte des Aztèques en présentait d'autres d'une candide innocence ; on eût dit le doux et tendre Abel honorant le Très-Haut. C'étaient des processions entrecoupées de chants et de danses où les jeunes gens des deux sexes rivalisaient de parure et de beauté et déployaient une agilité extraordinaire. De jeunes filles et des enfants, la tête ceinte de guirlandes de fleurs, la joie et la reconnaissance sur la figure, portaient pieusement des offrandes de fruits, prémices de la saison, et d'énormes épis de maïs, qu'on déposait, en brûlant des parfums, devant les images des dieux. Si des victimes étaient immolées alors, c'étaient des oiseaux, particulièrement des cailles. Tel était le caractère du culte des Toltèques, sur la civilisation desquels les Aztèques étaient venus greffer leurs instincts plus énergiques et plus passionnés. Quelques-unes des cérémonies des Toltèques étaient ainsi demeurées intactes, sans que la main violente de leurs successeurs y mît son empreinte, et faisaient le plus étrange contraste avec celles qui étaient sorties de l'imagination des Aztèques eux-mêmes.

Ces inventions d'un mysticisme affreux étaient disposées avec beaucoup de pompe et d'art. Chacun de ces sacrifices sanglants représentait un drame qui dépeignait quelqu'une des aventures du dieu auquel il était consacré, et d'où ressortait une moralité. Dans le nombre on pourrait signaler des solennités dont à coup sûr le spectacle révolterait les hommes de notre siècle, à cause de l'acte tragique qui les terminait, mais dont il est impossible de lire la description sans en admirer la majesté, le sens profond et, je ne puis trouver d'autre expression, l'élégance ; pour un peu plus j'eusse dit la grâce. Telle était celle du *Feu nouveau*, telle, mieux encore, la fête du dieu Tezcatlipoca, générateur de l'univers, âme du monde.

D'après la cosmogonie des Aztèques, le monde avait éprouvé quatre catastrophes où tout avait péri. Ils en attendaient une cinquième au terme d'un de leurs cycles de cinquante-deux ans, où tout devait de même disparaître, jusqu'au soleil qui devait être effacé des cieux. A l'achèvement du cycle qui, de même que la fin de l'année, concordait à peu près avec le solstice d'hiver, ils célébraient une fête commémorative de la fin et du renouvellement qu'avait quatre fois subi le monde, et destinée à conjurer le cinquième cataclysme dont le genre humain, la terre et les astres eux-mêmes, sans excepter celui qui sert de foyer à l'univers, étaient menacés par un arrêt des dieux. Les cinq jours néfastes par lesquels se fermait l'année étaient consacrés à des manifestations de désespoir. Les petites images des dieux qui ornaient les maisons et les protégeaient, comme les dieux lares des anciens, étaient brisées. On laissait mourir les feux sacrés qui brillaient sur la pyramide de chaque teocalli (temple) ; on cessait d'allumer le foyer domestique ; chacun détruisait son mobilier, déchirait ses vêtements. Tout prenait l'image du désordre pour la venue des mauvais génies qui projetaient de descendre sur la terre.

Le soir du cinquième jour, les prêtres, emportant les ornements de leurs dieux, s'en allaient en procession jusqu'à une montagne éloignée de deux lieues, menant avec eux la plus noble victime qu'ils pussent trouver parmi les captifs. Sur le sommet de la montagne on attendait en silence l'heure de minuit ; la constellation des pléiades, qui jouait un rôle dans leur cosmogonie, s'approchait alors du zénith ; c'est à cet instant que la victime était sacrifiée. On enflammait par frottement des bois placés sur sa poitrine béante, c'était le *feu nouveau* dont aussitôt on communiquait la flamme à un bûcher funèbre sur lequel la victime était consumée. Dès que le bûcher embrasé flamboyait au loin, des cris de joie et de triomphe s'élevaient vers le ciel des collines du voisinage, des sommets des temples, des terrasses des maisons, où toute la nation réunie, debout, les regards tournés dans la direction de la montagne, attendait avec anxiété l'apparition de ce signal de salut. Du bûcher sacré, des courriers partaient de toute leur vitesse, tenant des torches ardentes pour distribuer le feu nouveau qui sur leurs pas aussitôt éclatait de toutes parts aux sommets des autels. Peu d'heures après, le soleil se levant sur l'horizon annonçait aux hommes que les dieux prenaient en pitié la création, et que, pour la durée d'un cycle encore, le genre humain était à l'abri de la destruction ; mais, pour se racheter pendant le cycle d'après, il fallait que les peuples, durant les cinquante-deux ans qui leur étaient accordés, demeurassent fidèles à la loi venue des dieux. Les jours intercalaires qui suivaient, au nombre de douze ou treize, étaient consacrés à des fêtes. On réparait les maisons, on remontait les ménages en ustensiles, on faisait de nouveaux vêtements, et on rendait grâces au ciel.

La fête du dieu Tezcatlipoca était d'un différent caractère. La mythologie aztèque le figurait sous les traits d'un homme à l'éternelle jeunesse, d'une beauté accomplie. Une année d'avance, on choisissait parmi les captifs celui qui était le plus beau, en prenant garde qu'il n'eût aucune tache sur le corps. De ce jour, le dieu était personnifié en lui, et des prêtres attachés à sa personne s'appliquaient à le façonner, afin qu'il eût une tenue pleine de dignité et de grâce. On l'habillait avec élégance et splendeur. Il vivait au milieu des fleurs, et les parfums les plus exquis brûlaient à son approche. Lorsqu'il sortait, il avait à son service des pages ornés avec une royale magnificence. Il allait et venait en toute liberté, s'arrêtant dans les rues ou sur les places publiques pour jouer, d'un instrument qu'il portait, quelque mélodie qui lui plaisait, et alors la foule se prosternait devant lui comme devant le Dieu créateur de qui tous les êtres tiennent la vie. Il menait cette existence de faste et d'enivrement jusqu'à ce qu'on ne fût plus qu'à un mois du jour fatal. A ce moment, on lui amenait quatre vierges d'une rare beauté qui, une fois à lui, n'étaient plus désignées que par les noms des quatre principales déesses. Il passait ainsi son dernier mois dans le plaisir, menant avec lui ses célestes épouses dans de somptueux banquets chez les premiers personnages de l'état, qui se disputaient l'honneur de l'avoir et de lui rendre les hommages dus au dieu lui-même.

Cependant le jour du sacrifice arrivait ; l'appareil des délices s'évanouissait subitement autour de lui. Il disait adieu à ses belles compagnes, et une des barques d'apparat de l'empereur le conduisait sur la rive du lac, à une lieue de la ville, au pied de la pyramide consacrée au dieu. La population de la capitale et des environs était rangée tout autour. Il gravissait lentement en tournant, selon l'usage, les cinq étages du teocalli, et faisait des stations à chacune desquelles il se dépouillait de quelqu'un de ses brillants insignes, jetait quelques-unes des fleurs dont sa personne était ornée, ou brisait l'un des instruments sur lesquels il avait fait entendre ses accords. Au sommet de la pyramide, il était reçu par six prêtres, tous, un excepté, vêtus de noir, avec leurs longs cheveux épars. Le sacrifice était consommé, et le cœur de la victime, présenté d'abord au soleil, était mis aux pieds de la statue du dieu. Puis, les prêtres s'adressant à la foule, tiraient de ce mythe ensanglanté de solennels enseignements, disant que telle était l'image de la destinée de l'homme, auquel tout semble sourire au début de la vie, et qui souvent termine sa carrière dans le deuil ou par un désastre, et avertissant que la prospérité la plus éclatante touche à la plus sombre adversité.

Chapitre IX

DES PRÊTRES DE CES PEUPLES

Après ces détails sur les sacrifices humains, on comprendra mieux la position des prêtres dans la société mexicaine, de quel crédit et de quelle autorité ils jouissaient. Lorsque les dieux réclament de pareils honneurs, on conçoit combien leurs ministres, organes de leurs volontés et intermédiaires entre le ciel et la terre, doivent être craints et obéis.

Le clergé mexicain formait dans l'état un ordre nombreux, riche, puissant, nombreux à ce degré, que le grand temple de Mexico, qui réunissait, il est vrai, le culte de plusieurs dieux, et où Cortez trouva quarante sanctuaires, comptait cinq mille prêtres. A chaque temple était attachée une certaine quantité de terres pour la subsistance des prêtres et pour le maintien du culte où l'on déployait beaucoup de pompe. Ils faisaient exploiter leurs terres par des tenanciers qu'ils traitaient avec la même libéralité qu'on voyait en France et en Espagne, partout en Europe, du temps, peu éloigné encore, où les ordres monastiques étaient propriétaires. Peu à peu une grande partie du sol mexicain passa entre les mains des prêtres ; la dévotion des princes, ou leur politique bien ou mal conçue, les poussait à favoriser ainsi l'agrandissement des domaines du clergé. Sous le dernier Montezuma, la richesse territoriale du corps sacerdotal était devenue immense. Les dons des fidèles ajoutaient encore à l'opulence de cet ordre par l'offrande de fruits de la terre et de productions de toute sorte. Le clergé mexicain était, cependant, sobre pour lui-même ; les prêtres vivaient retirés autour des temples, priant régulièrement à plusieurs heures du jour, pratiquant souvent le jeûne, se flagellant très durement et se déchirant la peau avec des pointes d'aloès. S'ils se mêlaient au monde, c'était, non pour en partager les plaisirs, mais pour y assurer leur influence. Au sujet du célibat des prêtres, les témoignages se contredisent. Cortez dit expressément : « Les prêtres ne se marient point et n'ont aucun rapport avec les femmes. » Et, en effet, il semble que les hommes qui imposaient à la société les expiations les plus cruelles dussent subir eux-mêmes une rude loi de sacrifice. Cependant M. Prescott adopte l'opinion contraire. Ne peut-on croire qu'une partie du clergé seulement était astreinte à cette règle ? C'est ce que dit Pierre de Gand, et ainsi s'expliquerait la contradiction apparente. Avec l'excédant de leurs revenus, ils faisaient des charités d'une manière qui rappelle les distributions à la porte des couvents espagnols. Néanmoins, il ne parait pas que, comme les moines de la Péninsule, ils eussent du penchant à encourager ou même à tolérer la fainéantise. L'obligation du travail apparaît au fond de tous les préceptes de la religion aztèque.

Ils s'étaient attribué le monopole de l'éducation, et en conséquence ils prenaient dans les temples, auprès d'eux, les jeunes gens des deux sexes des classes nobles et des classes moyennes, les prêtresses élevant les jeunes filles, et les prêtres les garçons. Ils retenaient les enfants des chefs jusqu'au jour où on les mariait, comme des néophytes dévoués, et leur laissaient croître la chevelure pour ne la couper qu'alors. L'enseignement avait plusieurs degrés ; mais dans ce cadre d'instruction tout avait un sens ou un but religieux. Le délassement des filles était de tresser de leurs mains des ornements pour les autels et les sanctuaires ; les garçons entretenaient les feux sacrés, chantaient aux cérémonies comme nos enfants de chœur, avaient soin des fleurs qui ornaient les temples et des guirlandes dont étaient entourées les statues des dieux. On les initiait aux secrets de la science ; on leur apprenait l'écriture et la lecture des hiéroglyphes. Dans des écoles supérieures, on leur faisait pratiquer l'astronomie et l'astrologie, et on les familiarisait avec les principes du gouvernement. La tenue des écoles était extrêmement sévère : le mensonge en était proscrit avec une rigueur particulière, et si un enfant persistait à s'y adonner, pour qu'il servît d'exemple, on lui fendait légèrement la lèvre. Dans tout ce qui touchait aux mœurs, on y déployait une grande austérité.

Après avoir pétri à leur gré l'esprit et le cœur des jeunes gens, les prêtres mexicains les plaçaient et les poussaient dans la société. C'était une garantie de plus pour leur influence dominatrice.

L'ordre sacerdotal était gouverné par deux grands-prêtres, qui étaient élus, dans le sein même du clergé, par le prince assisté des principaux chefs. Cette dignité se conférait à la capacité, quelle que fût la naissance. Après le souverain, les deux grands-prêtres avaient le pas sur tout le monde dans l'état, et rien à peu près d'important ne se faisait sans qu'ils fussent consultés.

Chapitre X

DE L'ORIGINE DE LA CIVILISATION MEXICAINE

Nous pouvons maintenant nous poser une question :

D'où dérivait la civilisation de ces peuples ? On ne peut le dire avec quelque certitude. A la fin du XIIe siècle, plusieurs peuplades de la même famille étaient venues du nord se fixer dans la belle vallée de Mexico, désignée aujourd'hui encore, par son nom antique d'Anahuac : c'étaient les Chichimèques, race barbare, et ensuite les Nahucetlaques en sept tribus distinctes, parmi lesquelles on distinguait les Acolhues ou gens de Tezcuco, les Mexicains proprement dits ou Aztèques, les gens de Tlascala, ceux de Chalco, de Xochiacilco et les Tepanèques. La mystérieuse région qui leur avait servi de point de départ était indiquée chez les Aztèques par le nom d'Aztlan. Ce devait être bien loin au nord-ouest de Mexico. Le pèlerinage avait été long et périlleux, signalé par beaucoup de vicissitudes. Il avait été interrompu par plusieurs stations, l'une desquelles est probablement indiquée par les ruines nommées *Casas Grandes*, éparses sur les bords du Rio-Gila. Mais ils ne s'arrêtèrent définitivement que lorsqu' ils eurent rencontré le signe annoncé par l'oracle, un aigle perché sur un nopal au milieu des eaux et tenant un serpent à son bec. A cette place ils fondèrent leur ville de Tenochtitlan, devenue depuis, sous le nom de Mexico, l'une des plus belles de l'univers. On assure que dans les environs de la baie de Nootka, qui est, comme on sait, sur la côte occidentale de l'Amérique du Nord, et dans tout l'espace compris entre les 50e et 60e degrés de latitude, on trouve des tribus dont l'idiome en plusieurs dialectes a de remarquables rapports avec la langue mexicaine. Les peuplades apparues sur le plateau mexicain vers la fin du XIIe siècle y avaient trouvé des nations possédant les attributs de la civilisation. C'étaient les héritiers, mais non la descendance directe des Toltèques, peuple avancé dans les arts et les sciences, à l'humeur douce, aux habitudes laborieuses, qui s'était présenté, venant du nord pareillement, sur le plateau d'Anahuac, l'an 648 de notre ère ; mais, quatre siècles après, en 1051, après avoir été amoindris par la peste et la disette, les Toltèques avaient émigré pour se porter plus au midi, où l'on peut croire qu'ils fondèrent dans l'Amérique centrale et dans le Yucatan les villes dont on retrouve aujourd'hui avec étonnement, à Mitla, à Uxmal, à Palenque, par exemple, les ruines majestueuses, échappées à l'action du temps et à celle de la végétation tropicale, destructrice puissance. Les Toltèques avaient érigé de vastes monuments. C'est à eux qu'on doit le groupe des pyramides de Saint-Jean de Teotihuacan, qui sont en argile avec un revêtement en pierre, en cela semblables à celles de Sackarah dans la Haute-Égypte, partagées de même par des terrasses en plusieurs étages, et qui, comme toutes les pyramides d'Égypte, y compris les célèbres monuments en belle pierre, situés dans la plaine de Giseh, aux portes du Caire, sont orientées vers les quatre points cardinaux. Ils furent aussi les architectes de la vaste pyramide de Cholula, qui servait de support au sanctuaire du dieu des airs Quetzalcoalt, au sommet de laquelle aujourd'hui le voyageur aperçoit une chapelle entourée d'arbres et desservie par un moine indien. Selon toute apparence, il convient de rapporter aux Toltèques la plupart des arts utiles et des connaissances qui distinguaient les Aztèques eux-mêmes.

On peut penser que l'Asie, mère commune de toutes les civilisations de l'ancienmonde, avait contribué pour une part à fournir les éléments de la sociabilité mexicaine, ou du moins apporté un contingent aux idées religieuses et aux sciences des nations d'Anahuac. Des traditions, qui, par plusieurs côtés, ainsi qu'on l'a vu, se rapprochent de nos croyances bibliques, sembleraient leur être arrivées par là. Le fait est que la communication de l'Asie à l'Amérique, par le nord-ouest de celle-ci, est très facile. Le détroit de Behring, qui sépare les deux continents vers le 66° de latitude, n'a que *cent kilomètres* de large, et encore au milieu du canal trouve-t-on quelques îles qui peuvent servir de station intermédiaire. Sans remonter tout-à-fait à ces latitudes septentrionales, où l'Asie n'a jamais offert que des régions glacées et des tribus barbares, il est aisé de passer en canot, du Kamtchatka ou même du Japon par les îles Kouriles, aux rivages américains, en allant d'île en île dans l'archipel allongé des Aleütiennes, de manière à ne jamais rester plus de quarante-huit heures d'une fois sur l'Océan. On peut encore remarquer qu'une chaîne d'îles d'une immense longueur s'étend, sans interruption considérable, des parages de la Chine, sinon de beaucoup plus loin, à l'Amérique, car si les Aleütiennes se développent du Kamtchatka au nouveau continent, de la Chine au Kamtchatka on trouve premièrement Formose, puis le chapelet des îles Lieou-Kieou, le groupe plus massif du Japon, et enfin les Kouriles. Alors que le céleste empire, ayant plus de sève qu'aujourd'hui, éprouvait le besoin de, s'épandre, tandis qu'actuellement toute sa prétention serait de se refermer sur lui-même, l'esprit de commerce et la propagande religieuse ont poussé les hommes à suivre cette immense chaussée de plus de 5,000 kilomètres de long, tantôt sous-marine, tantôt apparaissant au-dessus de la surface des eaux, en archipels allongés, qui relie les plus belles régions de l'Asie au Nouveau-Monde. Deux cents ans avant notre ère, les annales chinoises mentionnent l'expédition mystique de Thsin-Chi-Houang-Ti, qui parcourut ces mers orientales « pour chercher un remède qui procure l'immortalité de l'âme. » Ces nations commerçantes, alors voyageuses, possédaient très anciennement la boussole pour se guider. On serait donc fondé à présumer, sauf vérification historique et archéologique, qu'elles ont découvert le nouveau continent. Pour des peuples civilisés et puissants, qu'était-ce en effet que le voyage d'Amérique, en comparaison des pérégrinations que des sauvages ont pu accomplir dans le même grand Océan, sur des distances de plus de 2,000 kilomètres, de Tahiti, par exemple, à la Nouvelle-Zélande, ainsi que c'est bien constaté par l'analogie des idiomes et des coutumes ?

Les rapports anatomiques entre les Asiatiques de l'Orient le plus reculé et les indigènes de l'Amérique sont si nombreux, que M. de Humboldt a pu s'expliquer en ces termes : « On ne peut se refuser d'admettre que l'espèce humaine n'offre pas de races plus voisines que le sont celles des Américains, des Mongols, des Mantchoux et des Malais. » Cependant cet argument est loin de suffire à établir que les habitants de l'Amérique soient venus de l'Asie. La science ne contredit point la tradition biblique de l'unité de l'espèce humaine, et du moment que l'on croit à cette unité, il est tout simple d'admettre que la proximité des lieux, proximité extrême ici, on vient de le voir, entraîne celle des conformations, comme elle a causé celle des plantes qu'offrent les deux continents tant qu'ils s'avoisinent, soit par le Groënland, soit par le Kamtchatka ; mais on reconnaît dans les notions scientifiques des Mexicains quelques points de conformité avec la science asiatique, qui forcent d'admettre certain contact entre les hommes des deux continents. J'en citerai un exemple, le plus frappant de tous :

Les Aztèques distinguaient les jours successifs dans leur calendrier par des signes représentant certains animaux. Les peuples d'origine mongole désignent de même par des figures d'animaux les douze signes du zodiaque. Sur les douze bêtes adoptées par les Orientaux, quatre existent au Mexique; on les retrouve dans le calendrier mexicain. Trois autres qu'offre l'Asie manquaient à l'Anahuac, mais y avaient des analogues assez voisins; c'est par ces analogues que les avaient remplacés les Mexicains. Les cinq autres signes mongols n'ayant ni semblables ni analogues au Mexique, on y avait substitué des animaux tout différents. Et il ne faut pas perdre de vue que si les signes mongols servaient de préférence à indiquer les années successives des séries composant leurs cycles, on les faisait servir aussi à représenter et les mois et les jours et même les heures. Enfin, les signes du calendrier aztèque, de même que ceux des Mongols, avaient un usage astrologique, et c'est peut-être par là que la communauté était venue.

Le calendrier lunaire des Indous, formé de signes plus arbitraires encore, offre une correspondance curieuse avec le calendrier des

Aztèques. Pour se refuser à accueillir ces preuves d'une communication d'un continent à l'autre, il faudrait nourrir un respect bien profond pour *sa majesté le hasard*, ainsi que disait un monarque philosophe.

Le Nouveau-Monde n'était donc pas sans avoir eu quelques rapports avec les hommes civilisés de l'Asie, et quelques-uns des éléments de la civilisation mexicaine en conservaient la trace manifeste ; mais il serait plus que téméraire de considérer la civilisation mexicaine comme une branche sortie du tronc asiatique. En Europe, nous portons sur nos institutions et nos personnes la preuve d'une filiation grecque et romaine. A défaut de la philologie, de la technologie, et de l'étude des religions et des mœurs, l'histoire seule nous interdirait le doute sur ce point. Nous dérivons des Romains et des Grecs par voie de colonisation ou de conquête, et avec un peu d'effort on trouve directement chez nous, abstraction faite des monuments de l'histoire, les signes certains d'une origine plus ancienne encore. Entre l'Asie et le Mexique point de liens semblables. Dans la civilisation, la descendance se reconnaît à de frappantes similitudes dans la vie usuelle, et les Mexicains n'avaient de l'Asie ni ses animaux utiles, le cheval, le bœuf, le mouton, le chameau, ni ses grains alimentaires. L'Asie vit de riz ; ils se nourrissaient de maïs. Les Mexicains ignoraient le fer, qui était connu en Asie quinze siècles avant l'ère chrétienne. Leur écriture et leur numération ne ressemblaient point à celles des Asiatiques ; on n'a découvert rien de commun entre leur langue et celles de l'Asie. Or, si le Mexique avait été colonisé par des Asiatiques, par tous ces côtés il en eût gardé la marque. Les Chinois et les Japonais ont des annales régulièrement tenues, et, malgré de Guignes, rien n'y annonce la découverte d'un continent, rien n'y indique des échanges avec l'Amérique. De même aucun souvenir de la Chine et de l'Inde ne subsistait au Mexique. Ainsi les Mexicains n'étaient, par rapport à l'Asie, ni des, enfants, ni des colons ou des initiés. Les communications entre l'Anahuac et le revers oriental de l'ancien continent se réduisaient au contact de quelques Asiatiques isolés, égarés de leur chemin, desquels les Mexicains avaient tiré quelques notions de science et d'astrologie et quelques traditions cosmogoniques, et qui n'étaient pas retournés chez eux. On peut croire enfin que ce que les Aztèques avaient des grands peuples de l'Asie, ils ne l'avaient reçu que par intermédiaire et déjà dénaturé.

Considérées isolément, les traditions donneraient même à croire que ce serait plutôt du revers de l'ancien continent qui est opposé à la Chine, de l'Europe en un mot, que serait venue la civilisation mexicaine, et, disons-le, la civilisation américaine en général. Chez les peuples régulièrement constitués que les Espagnols ont rencontrés dans le Nouveau-Monde, sur les trois plateaux du Mexique, de Cundinamarca et du Pérou, la tradition représente les initiateurs comme arrivant en effet de l'orient, et non pas de l'occident. Au Mexique Quetzalcoatl, dans le pays de Cundinamarca Bochica, et au Pérou Manco-Capac, viennent de par-delà les monts ou même d'au-delà des mers, du côté où le soleil se lève, et les descriptions qu'on donne de leurs personnes se rapportent à notre race caucasienne mieux qu'à toute autre.

Mais le plus sûr est de considérer la civilisation mexicaine comme autochtone. Les races rouges avaient trouvé chez elles-mêmes les principaux matériaux de leur édifice religieux, social et politique. Des êtres supérieurs les avaient tirés du fond de leur génie, ou les avaient reçus par l'effet d'une de ces illuminations révélatrices auxquelles il faut recourir comme à la cause suprême lorsqu'on essaie de remonter à l'origine des sociétés. Que si, parmi les analogies qu'on a invoquées en faveur des divers systèmes d'après lesquels la civilisation du Mexique procéderait d'une de celles de l'ancien monde, il est des traits de ressemblance remarquables et séduisants, tels que les pyramides colossales et orientées, quelques autres caractères de l'architecture, et l'emploi de signes hiéroglyphiques, il convient de se demander s'il ne serait pas juste de les attribuer simplement à ce que l'homme est semblable à lui-même dans ses ouvrages comme en sa personne, et si, au contraire, il ne serait pas bien surprenant que les premiers siècles des empires, dans des climats analogues, quelque séparés qu'ils puissent être par la distance, n'offrissent pas spontanément quelques similitudes.

Pour montrer combien il est facile de s'abuser en tirant des conséquences de certains rapprochements entre la civilisation antécolombienne de l'Amérique et celle de l'ancien continent, M. Prescott fait remarquer que, dans la cérémonie funèbre des Aztèques, on retrouve des ressemblances à la fois avec les usages des peuples catholiques, avec ceux des musulmans, des Tartares, et de l'antiquité tant romaine que grecque. Faut-il en conclure que c'est à chacune de ces origines qu'on doit faire remonter la civilisation aztèque ? N'est-il pas plus simple de croire qu'elle ne dérive d'aucune d'elles et qu'elle est autochtone, sauf à admettre pourtant qu'elle a eu des relations accidentelles avec l'un ou l'autre des revers de l'ancien continent, avec tous les deux peut-être ?

Mais par quels évènements la civilisation européenne est-elle venue se greffer sur celle d'Anahuac ? Quel a été le caractère de la conquête de Cortez ? Quels en ont été les incidents ? C'est ce que nous essaierons de dire dans un prochain article.

www.ingramcontent.com/pod-product-compliance
Lightning Source LLC
LaVergne TN
LVHW090047090426
835511LV00031B/375